SV

Tilmann Moser
Stufen der Nähe
Ein Lehrstück für Liebende
Suhrkamp

Erste Auflage 1981
© Suhrkamp Verlag Frankfurt am Main 1981
Alle Rechte vorbehalten
Druck: Georg Wagner, Nördlingen
Printed in Germany

Stufen der Nähe

Lydia
Wenn mich die Zweifel anfallen, wer ich bin, schaue ich in meinen Paß: dort steht es, mit amtlichem Stempel und Unterschrift: Lydia, mit Bild und Siegel. Manchmal hilft es. Die Behörden halten mich für eine eindeutige Person, versehen mit den notwendigen Daten. Auch das Bild ist unverwechselbar. Verwunderlich ist, wie selten ich mich in dem, was andere in mein Gesicht hineinsehen, wiedererkenne. Eindeutig ist nur, daß ich sehr schön bin. Darin sind sich alle einig, es scheint meine am wenigsten zweifelhafte Eigenschaft. Also halte ich mich daran: ich bin die Schöne mit dem Namen Lydia. Von ganz hinten, von weit hinter der Oberfläche meines Gesichts, das viele Männer verwandelt, wenn es auftaucht, schaue ich zu, was ich bewirke. Wer ich bin, weiß ich nicht, ich sehe nur: dies und das geschieht, wenn mein Gesicht auftaucht. Viele werben um mich, und ohne mich zu kennen, machen sie mir Heiratsanträge. Mit meinen Augen kann ich einen Mann in den

Zustand versetzen, mich dringend zum Essen einladen zu wollen. Wenn ich annehme, erzählt er mir, wie tüchtig er sei, wieviel Geld er verdiene, welches Haus er für mich bauen möchte. Ich bin fasziniert von diesem Spiel. Meine Mutter wünscht nichts sehnlicher, als daß ich endlich ein solches Angebot annehme. Sie möchte ihren Freundinnen erzählen, dieser oder jener hoffnungsvolle junge Mann habe »um meine Hand angehalten«. Sie wählt Ausdrücke, die ich aus Romanen kenne. Ich fürchte mich sehr davor, wie neidisch meine Mutter auf mich ist. Ich glaube, wenn ich einen Mann, der mich in ein feines Restaurant ausführt und seine taxierbaren Merkmale vor mir ausbreitet, akzeptierte, könnte sich an diesem Neid etwas ändern: ich schenke ihr die angesehene Rolle einer Schwiegermutter. Sie scheint an ein Märchen zu glauben, in dem *ich* alles zu einem guten Ende führen kann. Mein Vater ist oft auf Reisen; ich nehme an, weil er meine Mutter fürchtet. Sie kann so wütend werden, daß er weint, wenn sie ihn beschimpft. Oft möchte ich ihm helfen, doch es zu zeigen, hätte, wenn er wieder verschwindet, schlimme Folgen. Selbst wenn er da ist, kann er mich nicht schützen vor ihrer kalten Verachtung. Sie spricht nicht mehr mit mir, tagelang, wenn ich ihm zeige, wie sehr ich ihn mag. Oder sie schenkt meiner Schwester liebevoll ausgewählte Dinge, die sie dann in die Schule mitnimmt. Das Märchen meiner Mutter ist schiefgegangen. Manchmal scheint es mir, als bestehe sie nur noch aus Wut über das mißglückte Märchen ihres Lebens. Schon sehr früh hatte ich das vage Gefühl, nur dann ein Lebensrecht zu haben, wenn ich eine Prinzessin werde, die die Familie rettet. Solange mir dies nicht gelingt, darf sie mich mißhandeln. Das geschieht so selbstverständlich, daß ich mich nicht dagegen wehre. Ich habe große Angst vor meiner Mutter, aber ich bewundere ihre Macht: weil mein Vater aus dem Märchen herausgetreten ist, das er ihr versprochen oder das sie sich erzählt hat, als er um sie warb, kann sie ihn vernichten. Deshalb glaube ich: eine Frau ist mächtiger als ein Mann, sobald er sich an eine Frau bindet. Weil er von ihr geliebt oder bewundert werden will, hat sie ihn in der Hand. Ich glaube, daß mein Vater meine Mutter liebt, und dafür liebe ich ihn. Trotzdem kommt mir seine Liebe wie eine Verrücktheit vor. Sie schreit ihn an, wenn er ihr weniger Geld gibt, als er ihr vor der Hochzeit versprochen hat. Manchmal hasse ich sie, weil ich annehme, sie hat ihn geheiratet, ohne ihn zu lieben oder zu kennen. Dann wieder verstehe ich, daß sie gar nicht daran gedacht hat, auf ihre Gefühle zu achten: Sie wurde in ein Märchen hineingeschoben. Sie hat ein schönes Gesicht gemacht. Sie galten als ein schönes Paar. Alles ist abgelaufen wie in einem Theaterstück. Die Zuschauer kannten die Spielregeln und die Texte, die gesprochen werden mußten, und die angemessenen Gesten. Vermutlich wußten alle, daß Theater gespielt wird, aber niemand wußte, wie man heiratet, ohne Theater zu spielen.

Es kommt darauf an, Macht zu haben. Mein Vater liebt mich, aber das bringt uns beiden Unglück. Also geben wir diese Liebe auf, oder, anders gesagt, wir beschränken uns auf kleinste Zeichen. In meinem Schreibtisch ist ein Fach, das ich mit Samt ausgeschlagen habe, wie in einem Reliquienschrein sammle ich dort seine kleinen Geschenke. Wenn ich ihn öffne und etwas, das mir kostbar scheint, heraushole, verwende ich Gebärden, wie sie der Priester in der Kirche macht, wenn er den Leib des Herrn herausnimmt. Keiner weiß, daß mein Zimmer

eine Kapelle ist um dieses verborgene Allerheiligste herum.
Über meine Mutter habe ich Macht, weil sie ihr Märchen liebt. Das macht sie abhängig von mir. Sie lebt in dem Glauben, sie könne aus mir eine Prinzessin machen. Wir wissen nicht, daß jeder von uns um sein Leben kämpft. Wir spüren nur eine nie abreißende Erbitterung übereinander, unterbrochen von leuchtenden Augenblicken eines trügerischen Einverständnisses: ich weine vor Glück, wenn es scheint, als habe sie ein Fenster gefunden, oder auch nur ein Guckloch, durch das sie mich aus ihrer ganz anderen Welt heraus sehen kann: Lydia, die Rätselhafte, von der niemand weiß, wer sie ist. Der Ausdruck unserer Augen kann sich in Sekundenschnelle verändern: von strahlendem Glänzen zu vernichtendem Haß. Sie strahlt, wenn ich sie dankbar als Märchenmacherin sehe.
Manchmal fühle ich mich wie ein fast leeres Gefäß. Innen sind nur ganz wenige feste Dinge, die Hülle aber wird härter und bunter. Mein Gefäß gewinnt eine spiegelnde Oberfläche. Ich kann zuschauen, wie viele Menschen ihr Gesicht an die schillernde Fläche drücken und hereinschauen wollen. Ich strenge mich sehr an, all

diese Gesichter nicht zu verachten. Meine Mutter aber ist stärker. Das Gefäß füllt sich mit ihrer bitteren Verachtung. Am allermächtigsten bin ich, wenn ich selbst verachten kann.

Paul
Meine Brüder haben ganz normale Namen, Hans, Albert, Jürgen. Niemand denkt daran, sie anders zu nennen. Sie gehen in die Schule und begleiten meinen Vater, wenn er seine Baustellen inspiziert. Sie prügeln sich mit ihren Kameraden und sind angesehen in unserem Viertel. Sie sind nicht sehr gut in der Schule, und dennoch sind sie sicher, daß sie so tüchtig werden wie der Vater. Sie finden es normal, daß Mama zu Hause bleibt, kocht, ein bißchen Taschengeld bekommt und von der Großmutter schikaniert wird. Sie glauben, Mütter sind so etwas wie geduldige Haustiere, und wenn sie sich alles gefallen lassen, sind sie selbst daran schuld. Auf dem silbernen Löffel, den ich zur Taufe bekommen habe, steht mein Name Paul. Aber nie hat mich jemand Paul genannt: ich bin das Paulchen. Und ich fühle mich auch als das Paulchen. Das hat viele Vorteile. Es macht mir nichts aus, nicht

für voll genommen zu werden. Dafür kann ich die andern erheitern. Ich brauche mich nicht zu prügeln. Es heißt: das Paulchen ist sensibel, auch das bringt Entlastung. Ich muß den Teller nicht leer essen, wenn ich nicht will. Die Mutter verwöhnt mich, ich spüre bald, daß sie nicht widerstehen kann, wenn ich ihr schmeichle. Wenn ich allzu ungezogen bin, erzählt sie es manchmal dem Vater. Aber ich habe gelernt, sie zu strafen. Sie ist so allein in der Familie, daß sie meine Versöhnlichkeit bitter nötig hat. Also traut sie sich nicht mehr, den Vater in die Erziehung einzuschalten. Wir sind verbündet. Ich verhöhne sie nicht, wenn sie weint. Allmählich lerne ich, sie zu trösten. Sie durchschaut es längst nicht mehr, wie ich mit Worten die Brüder zur Weißglut bringe. Ich weiß: wenn sie mich schlagen, sind ihre Arme offen. Sie bedauert mich und hält die Brüder für rohe Gesellen. Ich schaue ihr zu, mit wie fein gesponnenen Mitteln sie meinen Vater lenkt. Sie hat sich abgehärtet gegen alle Demütigungen. Ihre Triumphe feiert sie mit der unmerklichen Diplomatie der Einfühlung in die Stimmungen der Familienmeute. Sie wird täglich ein paar dutzendmal angerempelt, angeblafft von diesen Viechern. Das hindert

sie nicht, stolz zu sein auf die Familie. Sie ist die Dompteuse, vorausgesetzt, man nimmt es nicht wahr. Einmal habe ich geträumt, daß sie alle diese Männertiere mit einem bestimmten, gurrenden Laut dazu bringen kann, Männchen zu machen. Aber dafür muß sie den Mist fressen, den die Tiere hinterlassen. Ja, das habe ich geträumt.
Sie erzählt mir ihre Träume. Sehr oft komme ich darin vor. Manchmal habe ich eine geheimnisvolle Aufgabe. Aus ihren Träumen mache ich eigene Geschichten. Ich erlöse sie aus ihrem Schattendasein. Sie geht an meinem Arm durch eine große, gaffende Menge. In der vordersten Reihe stehen meine Brüder und klatschen Beifall. Der Vater weiß nicht mehr, ob er bei den Brüdern bleiben oder ob er zu uns auf den roten Teppich stürmen soll. Mit diesen Geschichten im Kopf vertreibe ich mir die Zeit. Die Großmutter nennt mich einen kleinen spinnigen Nichtsnutz, der der Familie Schande machen wird. Es macht mir nichts aus, in der Schule ein wenig zu betrügen oder Streiche auszudenken, die die anderen ausführen. Wenn sie bestraft werden, bitte ich mit schönen Worten um Milde für die Übeltäter. Ich lasse mir nie jemanden zu

nahe kommen. Nur der Mutter komme ich ganz nahe, doch nur, wenn ich will. Sie will es immer, und ich wähle stolz und gönnerhaft die Augenblicke, in denen ich sie erlöse. In den Augen der Brüder und des Vaters bin ich der Kleine, in denen der Mutter einer, der sie alle überflügeln wird. Sie sagt: deine Schätze liegen in deinem Herzen, du wirst vielen Menschen Gutes tun. Ihre Überzeugung schützt mich vor dem Gelächter der Brüder, die anfangen, ihre Schnurrbärte dunkel zu färben.

Als die erste Freundin, der ich nie mehr als die Hand gehalten habe, mit Zukunftsphantasien beginnt und auch das Wort Verlobung ausspricht, fliehe ich von einem Tag zum anderen auf eine große Reise, lebe wie ein Eremit und verbringe einige Zeit fern von zu Haus.

Lydia
Als ich dich zum ersten Mal sah, erschütterte mich schon deine innere Abwesenheit. Sie dehnt sich auf deinen Körper aus. Er ist nicht zum Anfassen gemacht. Von ihm geht keine Gewalt aus, sondern diese wohltuende Abwesenheit. Du stehst meist ganz senkrecht, fast wie ein

Denkmal unter lebendigen, übermütigen, fleischlichen, durchschnittlichen Menschen. Nur der Nacken ist manchmal leicht gebeugt, aber das erhöht dich immer noch. Und deine Augen schauen von ganz weit hinten, sie strahlen in einer Güte, die den Schrecken in mir zu mildern vermag. Unablässig vernehme ich Kinderfragen: so als fehlten dir auf wichtige Fragen die gängigen frühen Antworten. Du schaust, als drängten die Kinderfragen erst jetzt ans Licht, und ich spüre den Wunsch, für dich auf alle Fragen die richtige Antwort zu finden. Dann aber will ich die einzige sein, der du glaubst. Niemals darfst du bei jemand anderem nachfragen, ob das stimmt, was ich dir erzählen werde. Ich habe alle Geheimnisse der Welt in mir. Du müßtest dich nur in mein Labyrinth begeben. An jeder Biegung der inneren Gänge wirst du stehenbleiben und staunen, du Ahnungsloser. Aus deinen fragenden Augen strömt plötzlich ein unermeßlicher Reichtum in mich ein. Ich will beides sein: Sphinx und Antwortgeber. Du überragst die drängenden und fordernden und vor mir paradierenden Männer durch dein hochgemutes Entferntsein und durch meine vielen noch verborgenen Antworten auf deine noch verborgenen Märchenfragen. Wenn ich sie dir alle beantwortet haben werde, wirst du mein Geschöpf sein. Es ist eine Art heiliger Vertrag, den ich unbemerkt mit dir schließe und dessen Text ich nicht kenne. Ahnungslos schließe ich einen Vertrag auf Leben und Tod mit dir. Du erschaffst mich mit deinen Augen als deine Schöpferin.

Paul
Gott ist weiblich. Wie könntest du mich sonst einatmen und ausatmen mit deinen Augen, wenn du nicht ein zerbrechlicher Engel wärst. Ich werde dich beschützen und heilen. Laß dich nie mehr durch andere Männer verunreinigen. Schon ein Händedruck kann das Werk meiner Heilung unterbrechen. Ich stehe von nun an im Dienste deiner Heilung. Um uns herum weitet sich der Raum für unsere große, geheime Aufgabe. Seit ich dich kenne, fühle ich mich als ein stolzer Verschwörer mit mir selbst, bereit, den Lohn, wenn es sein muß, erst nach Jahren zu erhalten. Man wird von uns sprechen, nach Jahrzehnten noch, als von einem Paar, das alle Abgründe gemeinsam durcheilt hat, und am

Ende sind wir ein Paar, von dem auch Heilung für andere ausgeht. Ich existiere nicht mehr getrennt von dir. Ich bin ein Teil des künftigen, heilenden Paares. Du durchschaust so gut wie ich das Getriebe der Welt, sonst könntest du nicht diese lässigen Gebärden der Überlegenheit haben. Du kannst durch Menschen, die dir lästig sind, einfach hindurchschauen oder so über ihren Scheitel hinwegblicken, daß sie schrumpfen und sich beschämt davonmachen. Ich schaue dir fasziniert zu, wie du Hof hältst und deine Gunst verteilst wie Goldkörner. Wie froh bin ich, daß ich nicht in dieses Getümmel deiner Verehrer eintauchen muß, mit ihren lärmenden Angeboten. Keiner bietet dir wie ich dieses Verschwimmen in einem großen geheimen Plan. Sie alle wollen dich erobern und vorzeigen. Ich will mit dir verschmelzen und das große Geheimnis um uns herum aufbauen. Jeder einzelne von uns ist nichts mehr, nur zusammen sind wir stark und eins. Warum wäre ich sonst durch meine innere Wüste gewandert und du durch deine Krankheit. Sei du mein Arzt und ich der deine.

Lydia
Schon lange vor der wirklichen Hochzeit vermählen sich unsere inneren Gemälde voneinander: der feinfühlige, verstörbare Engel und der scheue Einzelgänger. Aus deinen Augen lese ich, daß meine Schwächen nur die Hüllen für das spätere Wunderbare sind. Also müssen wir an das Wunderbare im Anderen und in der eigenen Tiefe glauben. Ich lebe zufrieden und stolz mit deiner Zukunft, die ich dir geben werde. Da du so groß sein wirst, muß deine Familie ja jetzt schon stark und schützend sein. Ich sehne mich danach, mich deiner Familie anzuvertrauen. Ich will, daß deine Eltern meine Eltern werden. Ich will, daß sie mir etwas von dem, was du in Zukunft sein wirst, abgeben. Es gefällt mir, daß du mich einführst wie eine Prinzessin. Du tust es so naiv stolz, daß alle daran glauben. Es wird rasch unklar, wo der vermutete Reichtum steckt: ich suche ihn bei den Deinen, und sie suchen ihn bei mir. Wir werden gierig nach Geschenken. Da uns die Grandezza unseres Selbstgemäldes umgibt, fängt deine Mutter an, mich zu bestehlen: sie hält dich für ihr Geschöpf, und wenn du meines werden sollst, so erträgt sie es nur, wenn ganz viel von mir für sie abfällt. Es gelingt dir

nicht, mich gegen sie zu verteidigen. Sie wird an mir zu einem diebischen Kind, und da du mich längst für unerschöpflich hältst, wundert dich meine tiefe Kränkung. *Ich* will Seelennahrung von *euch*. Doch wenn nicht ich es bin, der sie füttert und verwöhnt, fangen sie an, mich zu bekämpfen. Ich bin schöner als die Frauen deiner Brüder. Sie wollen teilhaben an deinem Glück, sie wollen Anerkennung in meinen Augen erzwingen. Du wirst klein inmitten deiner Familie. Mir wird schwindlig angesichts deiner läppischen Rolle. Du bist in den Fängen einer blutsaugerischen Sippe. Sie halten dich klein, sie nehmen uns auf, als wärst du ein Hans im Glück, der die Dukatenprinzessin gefunden hat. Du verschenkst mich an deine Familie. Ihr kennt ja kaum Mein und Dein, jetzt verteilst du mich in Portionen an die Meute. Mir bleibt nur eines: dich vor ihnen zu schützen, dich zu entführen, Zwietracht zu säen, damit ich nicht wieder erleben muß, wie du schrumpfst. Also muß ich dir auch noch Familie sein. Meine Aufgabe wächst, aber ich nehme sie an. Ich werde dich von deinen Verderbern befreien.

Paul
Du siehst, wie ihre Augen aufleuchten. Warum willst du, daß ich deine Geschenke für mich behalte? Ich möchte sie an alle verteilen. Was mir gehört, gehört ihnen, dein Reichtum reicht für uns alle. Warum stört es dich, deinen Besitz mit dem unseren zu vermischen? Laß uns alle zusammen an einem Haus bauen, jeder steuert etwas bei, und es wird nicht mehr unterscheidbar sein, welcher Balken und welcher Stein von wem kam. Sei doch stolz, daß sie Wurzeln um dich herumranken, so wirst du bald ein Teil von uns.

Lydia
Eure trübe Geborgenheit vergiftet mich, ich hasse deine Mutter, sie will uns beide als Kinder, sie will mich als reichen Findling hinzugesellen. Sie dringen in meine Augen ein, als seien es die Eingänge zu Silberbergwerken. Paul, hilf mir, sie plündern mich, und ich kann mich nicht wehren. Ich habe Geborgenheit gesucht und finde Armseligkeit und Neid. Trotzdem: die Verlockung ist groß, und die Rolle, die sie mir geben, verführt mich. Ich spiele die Reiche. Aber du

müßtest doch besser in meinen Augen lesen können. Siehst du nicht, daß sie mich ausschöpfen und wütend sind, wenn ich matt werde. Sie spiegeln sich in meinem Gesicht, als könnte ich sie adeln. Sei nicht mein Herold, sondern mein Beschützer. Du verrätst mich, ohne es zu spüren. Ich kann nur dich erlösen, nicht deine Sippe. Wenn du eins mit mir werden willst, mußt du es auf dich nehmen, dich im Haß zu trennen. Um dich lieben zu können, muß ich deine Familie hassen. Ich werde die Bande zerreißen. Du bist stolz auf deine Familie, auf den Mythos, der euch eint: wir sind wir. Ich lache darüber und sehe zum ersten Mal Angst in deinen Augen. Ja, ich lache über euch. Deine Erziehung beginne ich mit der Vernichtung deiner Wurzeln.

Paul
Auch ich habe gehofft, in deiner Mutter eine Mutter zu finden, die mir mehr Atemluft läßt als die meine. Ich glaube, ich stand da wie ein Kind, das auf einen Blick wartet, darauf, angenommen zu werden. Statt dessen fühlte ich mich gemustert wie kaum je in meinem Leben, geprüft, und ich saß noch nicht am Teetisch und wußte doch

schon: ich bestehe die Prüfung nicht. Der Rest war angestrengte Konversation. Da ich ihr nicht ebenbürtig war, verwandelte sie mich in Publikum, äußerte Urteile, deren Strenge mich einschüchterte. Soweit ich noch fähig war dazu, versuchte ich herauszufinden, um wieviel anders du seist als sie. Angstvoll habe ich euch verglichen und mich dann entschieden, wenn auch immer noch mit einem Rest von Panik: du bist ganz anders, du bist ihr Gegenteil, sie hat dir nichts anhaben können. Dein Vater war seit einigen Monaten verreist. Ich habe verstanden, daß er dich nicht schützen konnte vor ihr. Es kam mir so vor, als solle ich ihn ersetzen. Ich habe aufgeatmet, als die Haustür hinter uns zufiel, und klammerte mich an meinen Wunderglauben: sie haben dir nichts anhaben können, du bist nicht ihr Geschöpf, du wirst meines sein. Ich bin froh, wenn ich spüre, daß dir die Arroganz deiner Mutter widerwärtig ist. Dann kann ich sicher sein, daß du dich auch nicht von ihrer Kraft des Hasses und der Verachtung genährt hast. Ich werde dich vor deiner Familie retten. Wir versprechen uns ein unvergiftetes Nest voller Güte. Uns ein und alles zu sein, erscheint uns als die rettende Lösung. Wir fahren nach Hause, du lehnst dich so weich und rücksichtslos gegen mich, daß ich den rechten Arm brauche, um dich zu halten, und mit dem linken lenke und schalte ich. Es ist eine akrobatische Fahrt, fast lebensgefährlich. Aber ich bin ungeheuer stolz auf mich: schlaf ruhig ein in meinem Arm, ich steuere uns durch das abendliche Gewühl. Das kleine Auto weitet sich zu einem großen Kahn, draußen ist Sturm, und ich bin der Steuermann mit einer kostbaren Last.

Lydia
An deiner Seite schwebe ich durch die Straßen. Die Häuser lachen mich an, die Straßenbahnen ziehen elegant und werbend ihre Bahn, das Gedröhn der Autohupen ist das Festkonzert. Aus deinem Arm fließt ein Kraftstrom in mich ein, in Strähnen zerteilt drängt er sich durch unsere verschlungenen Finger. Alles wird zum Zeichen der Nähe. Mein kleiner Busen wächst in ein paar Wochen und füllt jetzt deine beiden Hände. Deine zergrübelte Stirn hellt sich auf. Ich kann sie mit meinen Augen glätten. Ich bin froh, dir so zu dienen. Ich bereite dir das

Frühstück, als gelte es, dich jeden Tag neu zu erobern. Wenn ich dir in einem Kreis von Menschen immer wieder zulächle, verschwindet deine Scheu. Ich beobachte, wie du dich straffst und kraftvoll Hände schüttelst, mit tieferer Stimme lachst. Ich beobachte, wie dich die andern ernster nehmen, ja, manchmal sehe ich kleine Trauben von Debattierenden um dich, du bist umringt, und mein Gesicht flößt dir, bald von nah, bald von fern, Energie und Zuversicht ein. Hinterher dankst du mir, und wir wiederholen im Gespräch all die vielen Szenen, in denen das Band uns zusammenhielt. Wenn mich im Alleinsein die gräßliche, im Untergrund immer lauernde Leere überkommt, spüre ich, daß ich süchtig bin nach dir. Ich gebe viel Geld für Taxis aus, weil nur deine Nähe mich rettet. Ich überfalle dich am Arbeitsplatz und zucke zusammen, wenn sich auch nur eine Spur von Befremden um deine Augenbrauen herum zeigt. Manche deiner Kollegen strahlen, wenn ich erscheine, manche tuscheln. Ich beruhige dich, indem ich die Tuschelnden zu Neidern erkläre. Ich reiße dich hinein in die Inszenierung unserer Liebe. Ich vertraue darauf, daß du das Ende jeder Trennung genauso ungeduldig erwartest wie ich.

Ich werde immer sicherer, daß du noch nie eine Frau berührt hast. Wie könntest du sonst so scheu sein, für so winzige Dinge um Erlaubnis bitten? Ich warte beobachtend und zitternd auf deine zuerst verstohlenen, dann freier werdenden kleinen Kühnheiten. Die noch unentdeckten Landschaften meines Körpers scheinen anzuschwellen vor Erwartung, sie werden selbst mir kostbarer, weil du sie, Schritt für Schritt, erobern wirst. Ich sehe uns zu, wie ich dich als Mann erschaffe. Das Aufleuchten deiner Augen hat so viele Nuancen. Ich kenne genau die Länge der Schatten, die meine halbverwirrten Weigerungen und Verzögerungen in dich hineinwerfen. Ich liebe die Sonnenaufgänge, die ich in deine Augen zaubern kann.

Paul
Manchmal muß ich im Gehen innehalten, um mich wieder des Bodens unter mir zu versichern. Ich stampfe mit dem Fuß auf und sage: He, Erde, das bin ich, fühlst du mein Gewicht! Ich pflanze mich auf wie ein Baum und lasse zu, als zerrte ein Sturm an mir, daß ich schwanke. Aber ich fahre mit tiefen Wurzeln in dich hinein, Erde. Wenn

mich keiner sieht, hüpfe ich auch oder tanze so, als könntest du jeden Schritt erleben und speichern und aufbewahren wie Noten eines Musikstücks. Wenn ich in deiner Nähe bin, Lydia, hört der Schmerz der Unvollständigkeit auf. Die Landschaft nimmt mich auf wie einen, auf den sie gewartet hat, statt mich abzuweisen wie früher. Du hast Macht über mich, aber sie fühlt sich warm an. Wenn du dem Lauf meiner Muskeln nachtastest, ist mir, als könnte ich nie mehr meine brüchigen Konturen verlieren. Ich weiß nicht mehr, was wirklicher ist: ich bin ich, oder wir sind wir, oder ich bin du, oder du bist ich, wir flattern umeinander herum wie lose Teile eines großen, vielflügeligen Vogels, der hin und wieder seine Schwingen einzieht und sie schützend um sich herum zusammenlegt, wenn wir uns eng umschlungen halten.

Nur du hast Zugang zur Schatzkammer meiner Gedanken, sie weitet sich aus unter deiner Andacht. Du staunst über meine Denkgebäude, selbst wenn sie aus geliehenem Material bestehen, das ich für dich hin und her schiebe und neu zusammensetze. Ich lasse dich ganz eindringen, atemlos lauschen wir meinem Denken, du nistest dich ein in mir, und endlich, endlich fühle ich mein Inneres bewohnt. Lach nicht über meine Bilder, aber mir ist, als ob mein Gehirn fruchtbar dampfe. Auch du läßt mich tief eindringen in dich. Meine Kunst des Zergliederns schreckt dich nicht, du fühlst dich liebevoll aufgesucht, befruchtend aufgewühlt. Schutzlos liegen deine Gärten und Schluchten vor mir, ein wenig berauscht wende und sichte ich alles neu, was andere mit, wie mir scheint, groben Händen schon mehrfach umgewendet haben. Deine Zerbrechlichkeit, deine Sorgen werden mein Besitz. Ich stehe dir bei gegen deine vielen äußeren und inneren Feinde. Ich werde dein Seelsorger. Ab und zu sagst du: du siehst dich gar nicht mehr selbst, ohne meine forschenden Augen. Es ist dir immer wieder unheimlich, doch du stehst stolz zu deinem Entschluß: du bist das reiche Labyrinth, das ich erhellend betrete.

Lydia
Empört verneine ich, daß meine Wutanfälle gegen dich gerichtet sind. Aufatmend lenken wir meinen Haß gegen meine Mutter. Du bist überzeugt, daß *sie* mich an den Rand der dunklen inneren Schlucht getrieben hat. Du zeichnest mit

nie erlahmender Geduld ein Bild meiner Familie, das mich zum Opfer macht. Du brauchst meinen bereitliegenden Abscheu nur ein wenig zu schüren. Ich bin dir dankbar für deine Dramaturgie meines inneren Schwankens. Wir machen die Hexe dingfest, Seelenführer. Ich nehme es als selbstverständlich, wie du dich gegen den dreisten Flirt meiner Freundin wehrst und mir alles bis in die feinsten Verästelungen berichtest. Dafür weihe ich dich in meine Alpträume aus jenen Wochen ein: wie ich Feuer fing und unser Haus als giftiger Rauch durchdrang. Es blieb unklar, wer überlebte. Noch Stunden nach dem Erwachen war ich verwirrt. Dein geduldiges Streicheln holt mich zurück auf den Boden unseres Einsseins. Ich verscheuche die drohende Frage, warum das Bild meiner Herkunft so düster werden muß. Meinen ganzen Stolz muß ich dir, uns zuwenden, um durchzuhalten. Briefe von zu Hause erschüttern für einige Stunden oder Tage unseren Frieden. Wir werden immer sensibler in der verdächtigenden Aufhellung gegen uns gerichteter Machenschaften. Niemand scheint uns zu gönnen, daß wir uns ganz aus unserem Bündnis und unserer gemeinsamen Zukunft heraus verstehen. Sie erklären uns für hochmütig, und wir durchleuchten ihre Niedertracht. Vor meinen Träumen, in denen eine trübe Flut mich überschwemmt, bis ich untergehe oder mich in den Wellen auflöse, stehen wir ratlos. Ich erschrecke, wenn ich spüre, wie ich deine Ratlosigkeit irgendwann heimlich genieße. Dabei brauchst du so dringend Klarheit über mich. Deine Antennen, sagst du, fangen an, dich zu schmerzen, wenn die Signale aus dem Labyrinth allzu widersprüchlich werden. Wir ziehen uns zurück auf das Festland des für sicher Gehaltenen. Ich koste manchmal die Macht aus, mich deiner Klarheit zu entziehen. Es liegt dann bei mir, deine Verwirrung zu dosieren oder zu beenden.

Paul
Der Bruch ist oft groß zwischen unseren Stunden des Jubels, der Verschmelzung, des gemeinsamen Schwärmens und der kleinen Aufgaben des Alltags, die uns aus der Bahn zu werfen drohen. Du bist mir so kostbar, daß es mir lange Zeit nichts ausmacht, wenn du dich zu matt fühlst, die Wäsche zu waschen. Unmerklich verwandle ich eine aufkeimende Enttäuschung,

daß ich nicht ein Mann bin, für den es sich lohnt, die Wäsche zu waschen, in Stolz, wie lässig ich auch diese Pflicht mit übernehme. Du sitzt am Tisch, den Kopf mit einer faszinierenden Trauergebärde in die Hand gelehnt, und sinnst. Ich liebe diese sinnende Gestalt, an der eine Traurigkeit nagt, von der ich dich im Lauf der Jahre zu befreien hoffe. Dein Sinnen steigert sogar meine Bereitschaft zu warten und zu dienen. Aber mein sicheres hausfrauliches Hantieren zerteilt auch unsere Einheit: ich bin tüchtig, während du über dein Gelähmtsein nachdenkst. Wohl spüre ich, wie ich Kraft aus deiner Lähmung ziehe. Ich glaube, noch immer um dich zu werben, wenn ich mit gut eingeteilten, umsichtigen Handgriffen unseren Haushalt erledige. Und doch wird mein Selbstgenuß einsamer, er zehrt von unserem Unterschied. Ich liebe dich und verehre dich, aber ich überflügle, überspiele dich auch. Wenn ich die tropfenden Teller auf das Ablaufgestell setze, fühle ich mich nicht immer solidarisch mit dir. Ich genieße meine Alltagstüchtigkeit, lasse es zu, daß manche Gesten etwas vorwurfsvoll routiniert werden, so als müßtest du an ihnen ablesen können: sie stammen von einem, der manche Dinge *leider* allein erledigen muß. Das ist leider so. Leider geht mir das alles flott von der Hand, und leider bist du so edel, schön und sensibel, daß du ein bißchen viel, vielleicht zu viel, an Fürsorglichkeit verbrauchst. Gut, ich kann mich zurückstellen. Schließlich ist der Alltag nicht das Leben. Das Leben besteht zum großen Teil auch aus höheren Dingen, und darin scheinen wir uns noch einig. Unsere Ehe ist uns heilig. Sie scheint uns niedergeschrieben am Firmament, mit Sternenlettern. Sie leuchten uns auch in trüben Zeiten. Da ist eine Art von religiöser Gewißheit. Trotzdem bin ich manchmal wütend, welchen Preis ich im Alltag bezahlen soll für meinen, unseren Traum. Ich lege heimlich einen Keller an für stillen, dumpfen Groll, den ich nicht zeigen, ja von dem ich selbst nichts wissen will. Im übrigen gelingt es mir noch immer gut, dich zu trösten über dein alltägliches Unvermögen, das mich um so mehr erstaunt, als du glaubhaft berichtest, du habest ja bereits längere Zeit alleine gelebt und seist ganz gut zurechtgekommen. Manchmal finde ich zurück zu meinem früheren, wohltätigen, seelsorgerlichen Wohlbehagen, zu der resignierten Freude, ein Tröster zu sein. Es war früher ja nie mit Zärtlichkeit verbunden, höchstens in kurzen Momenten mit wirklich kranken oder sehr kleinen Kindern.

Lydia
Wenn ich so daliege und du mich tröstest und vor allem beruhigend auf mich einredest, finde ich oft meine Ruhe wieder. Allerdings werde ich immer ein wenig kleiner dabei, noch weicher, zerbrechlicher, und du, Paul, du wächst und wächst, und jeder kleine Schlupfwinkel in mir, der mir als Zuflucht, wenn auch als dunkle, verwirrende Zuflucht bleibt, bedrückt mich. Du liebkost dich in mich hinein und weißt zuviel von mir. Aber dann geschieht es, du falscher, einwiegender Zauberer, daß du deine beruhigende Hand auch über meine Scham führst und dort liegen läßt, als müßtest du mich auch noch trösten, eine Frau zu sein. Deine Hand liegt warm, ich werde zuerst ruhig, dann trotzig, verwirrt, denn was sich zunächst wie glückliche Geborgenheit anfühlt, wird zur Wundpflege, zur Abwiegelei. Deine Hand liegt wunderbar warm auf ihr, ich lasse das glückliche Schrumpfen mich durchdringen, aber dann höre ich auch auf meinen wachsenden Zorn, es ist, als wenn

der Rest meiner Kraft sich dorthin zurückgezogen hätte. Nimm mir nicht auch noch dort die Kraft und das noch tastende Gefühl: dort wohne ich auch, und dort ist ein Pol, der zu mir gehört, du hast dort nichts Beruhigendes zu schaffen. Ich lasse zu, daß mein Becken sich bewegt, und du zuckst zurück, aber es ist ein anderes Zucken, wir beide haben verschiedene Arten zu zucken, nur: ich lasse mich einschüchtern von dir, monatelang, und lege meine Hüften wieder still und genieße die trauliche, betäubende Wirkung deiner betreuenden Hand. Zweifel hast du in mir genährt, nein, ich lasse endlich meine Zweifel zu, an diesem Punkt will ich dich nicht anklagen: es gibt nichts pfleglich zu Betreuendes dort, wenigstens dort will ich keinen Trost nötig haben aus deinem mildtätig über mich gebeugten Körper. Aber wie lange schon ruht dies alles dumpf in mir und verschwindet dann wieder aus den Gedanken, wenn es die Einheit bedrohen will.

Paul
Lydia, gute, Lydia, böse ... warum denke ich das, warum wechselt dein Bild? Zweifle ich an

meiner Kraft, dich über Wasser halten zu können? Nicht mehr eindeutig prallen die Warnungen der Freunde an mir ab, *du* seist zu schwierig. Es ist ein lockendes Angebot, alles, was uns unmerklich zu quälen beginnt, sicher unterzubringen in deiner Vorgeschichte oder in deinem rätselhaften Wesen. Auf eine fast unlautere Weise gesunde ich an dir, indem ich immer häufiger die vernünftigen, rettenden, du die unvernünftigen, in die Unordnung weisenden Dinge tust. Seit wir in der eigenen Wohnung zusammenleben, getrennt von den Familien, wie es unser, mein, dein, wer weiß, wessen dringender Wunsch war, seit wir uns räumlich das ungestörte Einssein erkämpft haben, kann ich mir nicht mehr verbergen, daß ich dich auch hasse. Ich kann nicht mehr sicher sein, daß du mich abends aufatmend erwartest. Eines Tages erstarre ich: dein Gesicht ist verändert, es ist ganz und gar Vorwurf geworden. Was habe ich dir getan? Ich bin heimgeeilt, zwar mit einer halben Stunde Verspätung, aber doch mit dem Wunsch, dir sofort von dem fröhlichen Abendessen im Kreis der Kollegen zu erzählen. Sie verwandeln sich unter deinem Blick in Feinde. Freust du dich nicht, daß ich wieder da bin? Ich fühlte mich schon auf dem Heimweg, als sich mir freudige Sätze formten, um dir zu berichten, wie gestärkt, aufgeladen von der Kraft männlicher Reden und scharfer politischer Debatte. Sicher, mitten im Reden sah ich mich ans Telefon gehen und dir die Verspätung melden, dann fand ich in meiner Phantasie den richtigen Tonfall nicht. Zum Tisch der Männer hätte ein einfaches, kräftig gesprochenes Informieren gepaßt: ich komme später wegen eines Essens; aber einsam dann in der Kabine, das sah ich kommen, hätte ich eher gebeten, noch bleiben zu dürfen, ja vielleicht gefleht, falls du in mich gedrungen wärst, sofort zu kommen, und ich wäre wohl mit rotem Kopf an den Männertisch zurückgegangen und hätte in Worten und Stimme jemanden betrügen müssen, dich oder die Kameraden. So saß ich nur unruhig, froh, daß es einen Aufschub gab, einen sicheren zeitlichen Zwischenraum zwischen deiner Enttäuschung und ihrem Spott über den folgsam-pünktlichen Ehemann. Ich liebe dich, aber in solchen Situationen geht ein Druck von dir aus, der dich zum Gegner macht. Das schlimmste war, daß es nicht einfach Streit gab, sondern daß dein Gesicht erstarrt war.

Lydia
Paul, ich hasse, verbündet mit dir, die Eifersuchtsanfälle meiner Mutter. Wir haben uns doch zusammen in den Glauben hineinvertieft, wir brauchten das nicht: die Qualen der Eifersucht. Jetzt überkommen sie mich doch, wenn du mich warten läßt, und ich kann nicht mehr in den Spiegel schauen, ich will dieses Gesicht nicht sehen, um die Augen herum leer und ausgezehrt, der Mund zusammengepreßt und erschreckend unbarmherzig. Du tust etwas mit mir, das mich einen Bogen um den Spiegel machen läßt. Die tickende Uhr und der Spiegel sind Folterinstrumente. Sie treffen heimliche Absprachen, in die ich nicht eindringen, die ich nicht durchbrechen kann. Ich muß wieder in den Paß schauen, prüfen, ob Bild und Unterschrift und Stempel noch zusammenpassen. Ich lasse Geschirr fallen, das klirrende Geräusch unterbricht kurz den hämischen Kontakt zwischen Spiegel und Uhr. Ich werde abhängig von kleinen Geräuschen. Die Zeit wandert aus meinem Körper hinaus, die Sekunden und Minuten sind nicht mehr innen, sie sind mir auferlegt von außen, du bist nicht da und steuerst doch meine Zeit. Obwohl ich dich dringend herbeisehne, lösen deine Schritte auf

der Treppe keine Freude mehr aus. Der Schlüssel im Schloß läßt mich zusammenzucken. Da kommt ein Verbrecher.

Paul
Ich brauche zwei Stunden, um dich aufzutauen. Ich fühle mich wirklich sehr schlecht, daß du so an mir hast leiden müssen. Indem ich dich geduldig umwerbe, tröste, streichle, schmeichle, mit viel erwachsen bittenden und kindhaft flehenden Worten, folge ich vorüberhuschenden Bildern aus der Kindheit, Szenen tief betretenen Ertapptwerdens: ich stehe und möchte in den Boden versinken vor Scham und Schuld. Die Kraft und die Wärme und die halb echte, halb gutgespielte Zerknirschung, das fühle ich wohl, soll auch noch andere, finster blickende Personen aus jenen Erinnerungsfetzen beruhigen. Solange ich sicher sein kann, dich aus der Erstarrung zu befreien, will ich die Angst vor deinem Blick gar nicht immer vermeiden. Du bist dann so innig und heftig und drohend auf mich bezogen, daß ich erst recht fühlen kann, wieviel Gewicht ich für dich habe. Eine Viertelstunde Verspätung wirft uns in ein Gewoge aus

Anklage, Schuld, Zerknirschung, Flehen, Versöhnung und leidenschaftlichem Ineinanderversinken. Ich büße, du verzeihst, und wir feiern die Rückkehr in das Zerfließen, haben wieder den sicheren Boden des anfänglichen Traumes unter den Füßen. Ich dringe in dich ein, und du öffnest dich deinem Peiniger, der sich in den Erlöser verwandelt hat. Unsere Körper fühlen sich nie so frei, als wenn wir uns einige Stunden am Abgrund eines von eisig-hitziger Luft umwehten Zerwürfnisses befunden haben.

Lydia
Meine Abhängigkeit von dir ist ebenso schön wie unerträglich. Du erlöst mich und du lähmst mich. Wenn ich den Kopf in deinen Schoß lege und deine besänftigende Stimme meine Unruhe lindert, schwindelt mir manchmal, weil sich meine Körperformen mit den deinen verbinden. Ich kann nicht mehr sicher fühlen, wie weit mein Bein von mir entfernt ist. Der Kopf steht, auf überlangem, verdrehtem Hals, quer zur Welt. Die linke Schulter ist klein wie die einer Puppe, die rechte wuchert über uns hinaus und will die Mauern des Zimmers durchbrechen. Deine

Hände und Arme wachsen über mich hinweg wie starke Baumwurzeln, die mich halten und begraben. Ein unbekannter Zauberspruch könnte uns erstarren lassen, so daß wir uns aus eigener Kraft nicht mehr lösen können. Mit grobem, zerstörendem Werkzeug müßten wir getrennt werden, und es gäbe nur noch Bruchstücke eines jeden von uns, die auf großen weißen Tüchern geordnet werden müßten. Wenn ich meine Hand von dir abreiße, tropft sie hinunter auf mein Knie. Mein Auge sieht sie kürzer, als ich sie fühle. Sie sieht heil aus, vor dem äußeren Auge, im Körperinnern aber ist sie abgetrennt wie ein flatterndes Seilende, dem die Last der Brücke von Ufer zu Ufer zu schwer wurde. Hassend kann ich dich von mir entfernen, als blickte ich umgekehrt durch ein Fernglas: du schrumpfst und schwindest. Dann hält uns das Zimmer nicht mehr zusammen. Mein Blick drückt dich in eine Mauernische. Es friert mich, aber du bist endlich draußen. Mit schwankenden Knien taste ich mich am Tisch entlang und überprüfe meinen Körper an der sicheren Härte des Küchenschrankes: die Stirn läßt sich kühlen vom kalten Glas der oberen Türen; die Platte drückt sich hart und wohltuend in die Magengegend, und mit den Kniescheiben versuche ich, den Unterbau des Schrankes einzudrücken, doch er hält stand, und meine Knie bleiben am richtigen Ort. Die festen Gegenstände bannen das Unheimliche, ich setze mich wieder zusammen wie auf einer Kinderzeichnung und versuche, kein wichtiges Teil zu vergessen. Ich folge dem Weg der eiskalten Limonade, die ich trinke, und tauche die Hände in zu heißes Spülwasser, bis sie brennen.

Aber *ich* will bestimmen, wann du kommst und gehst. Wenn ich mich losgerissen habe aus der Umschlingung und am Schrank wieder Konturen gewinne, brauche ich es doch, daß du bleibst. Der Haß gibt mir Halt. Wenn du jetzt gehst, reißt du mir die Stützmauer des Hasses ein, dann muß ich mich selbst zusammenhalten, und das kann ich noch nicht. Also schreie ich, wenn du zur Tür gehst. Es ist mir egal, ob du aus Mitleid bleibst oder aus Angst um mich oder dich oder um unseren Ruf. Ich schrecke nicht mehr davor zurück, dich zu erpressen. Es macht mir nichts mehr aus, die lodernde Angst in deinen Augen zu sehen. Natürlich ist dein geduldiges Beruhigen jetzt vergiftet: ich weiß, wir wissen beide, daß es längst nicht mehr darum geht, daß du mir hilfst, aus einer meiner Schluchten zu klettern. Ich kann dich hinunterziehen. Ich habe endlich den Hebel gefunden, dich aus deiner gütigen Herablassung und Milde zu stoßen. Ich sehe dich in Panik und fühle endlich wieder eine Handvoll bitterer, ekliger, tröstender Macht. Meine Mutter steht mir jetzt bei wie ein schwarzer Schutzengel, mein Bündnis mit ihr ist tiefer als unser beider Traum, du Eindringling in unsere tiefe Blutsverwandtschaft gegen euch törichte, lächerliche Männer. Ich habe endlich den Feigling entdeckt hinter deinem großmütigen Gehabe.

Paul
Ich zittere, du siehst es, und ich will gehen, um mich selbst wiederzufinden. Der harte Laut der hinter mir zugeworfenen Türe wäre der erste Moment der Beruhigung. Ich klammere mich an den befreienden Lärm, den ich gleich machen werde. Schon unten an der Haustüre werde ich pfeifen vor Erleichterung: ich habe die Türe hinter dem Alptraum zugeworfen. Ich weiß, daß du dich nicht aus dem Hause traust vor Scham, wenn es mir gelingt, mit dem verächtlichen

Ausdruck im Gesicht, den ich dir abgeschaut zu haben glaube, die Tür zuzuwerfen. So kann ich *dir* die Niederlage in der verquälten Wohnung lassen, und ich stürme davon als der Mann mit der schwierigen Frau. Ich will keine Gnade mehr üben. Es scheint, nur einer von uns kann überleben. Die Nähe des Untergangs macht mich schamlos. Wenn jetzt das Telefon klingelte und einer anriefe! Warum ruft denn keiner an und hält uns auf! Dann könnten wir uns vielleicht für einige Stunden trennen, ohne alle Rücksicht füreinander fallenzulassen. Aber es ruft keiner an, und ich schlage dir klatschend ins Gesicht. Wir verdächtigen uns längst keiner guten Motive mehr. Ich weiß nur, daß ich dich liebe. Der Rest der Welt zählt nicht viel dagegen. Meine Selbstachtung scheint mir wie ein Gegenstand, den ich mehrmals in der Woche ins Pfandhaus trage und teuer wieder zurückhole. Du leihst mir die Auslösesumme dafür. Meine Liebe macht mich zum Bettler, der sich aber immer wieder die Pose des Ehrenmannes geben will. Du bettelst schamloser, elementarer. Das ist erstaunlich: du verlierst das Gesicht nicht, wenn du nur noch leidende, gedemütigte, winselnde Kreatur bist. Du kannst dich sogar von geraubter Nähe ernähren. Ein paar Stunden nach meinen Schlägen in dein Gesicht kann es schöner sein denn je. Es ist unheimlich, mit welchen Mitteln wir uns den Weg zueinander bahnen. Ich werde dich schwängern, bei nächster Gelegenheit. Wir reden seit Jahren über Kinder, als handele es sich um einen riesigen Entschluß, dem wir uns beratend nähern könnten. Uns narrt der Glaube an ein gemeinsames, verantwortliches Planen des Lebens. Dieser Glaube ist jetzt im Pfandhaus, ich will nur noch wissen, ob ich dir einen dicken Bauch machen kann. Dann bin ich der Vater deines Kindes und kein Männchen mehr. Dein Bauch wird eine Waffe sein, wer weiß, wer sie sich zuerst aneignet. Aber vielleicht wird sie *unsere* Waffe, und wir setzen sie gemeinsam ein gegen das trennende, zersetzende Gift in uns, das langsam unseren Traum zerfrißt.

Lydia
Endlich kann ich meinen Körper schamlos werden lassen. Ich mache dich zu deinem eigenen Zuhälter, und wie meine eigene Bordellmutter schaue ich mir zu, wenn ich alle Künste der

Verführung über mich kommen lasse. Ich stopfe dir das Maul mit meiner Brust, und wenn du nur noch gieriger Säugling bist, so kann ich sie dir entreißen oder sie dir tiefer ins Gesicht drücken, so daß du keine Luft mehr bekommst. Wir haben oft berauschenden Gleichklang erlebt. Oft war ich dir zu Diensten, und dein Glück weckte meines. Jetzt mache ich mir dich dienstbar. Noch meinst du, du seist mein Herr, wenn ich dein Geschlecht leersauge. Aber ich bestimme, wann du erschlaffst. Ich weide mich an deiner Erschöpfung und verhöhne deinen Zustand, wenn du dich zurückziehen willst, mich um Schonung anflehst. Ich feiere Siege über deine Männlichkeit. Mühsam wieder erholt, glaubst du, mich niederzustoßen, und merkst nicht, wie triumphierend ich dich ausnehme. Was weißt du denn schon, wann ich bereit bin, geschwängert zu werden? Nichts ist leichter, als dich zu belügen. Es liegt bei mir, wann ich dir ein Kind stehle. Bin ich erst schwanger, so bin ich unangreifbar. Du kommst an mein Innerstes nicht mehr heran. Es ist, als würde ich unser Vermögen in ein dir unbekanntes Ausland retten. Ich eröffne in meinem Bauch ein Liebeskonto. Vielleicht bauen wir eines

Tages ein Haus damit. Aber ich kann das Konto auch sperren. Du kannst dir dann deine Klugheiten selbst erzählen, deinen schlauen Kopf in Bücher stecken. Schau doch zu, ob sich dort auch Lebendiges regt, wie in mir. Unser gemeinsames Leben ist jetzt so, daß ich nicht mehr, wie früher, von dir, von uns, berauscht bin und nachts das Schreckliche träume. Ich fühle und tue alles Schreckliche, und nachts träume ich vom zerstörten Guten. Ich sehe uns in der Sonne wandern, in verwandter Länge des Schritts, und zwischen uns tappt, an unser beider Hände, ein Kind. Oft sind die Träume in verschnörkelte Bilderrahmen gebannt, wie Familienportraits. Ich kann die Bilder aufhängen und abhängen, oder ein anderer tut es. Vorhänge werden davorgezogen, oder das schützende Glas zerspringt, und sie vergilben vor unseren Augen. Nachts gehe ich ins Museum der Glücksbilder, und wenn wir uns glücklich wiederfinden, berichte ich dir davon. Du hast dein Museum, ich habe mein Museum. Nur selten überschneiden sich die Öffnungszeiten. Und beide fürchten wir Diebe und Zerstörer mit der Säureflasche.
Wir haben immer wieder glückliche Tage und Wochen. Wir unterstützen uns bei der Entfal-

tung unseres Berufes, wir bringen Opfer füreinander, als glaubten wir an eine Zukunft, die wechselseitige Opfer sinnvoll erscheinen läßt. Dann fängt einer von uns an zu rechnen, es bedarf nur einer leichten Verstimmung, die die Gefahr heraufbeschwört. Keiner von uns rechnet laut, aber ich spüre es sofort, wenn du im stillen rechnest. Du malst dir dann ein Leben ohne mich aus und machst Bilanz über das Verlorene und das Gewonnene. Zu meinen Phantasien über ein Leben ohne dich gehört es, daß du leidest und bereust. Leben ohne dich ist noch immer: dir weh tun. Ich weide mich an deiner Reue. Du hättest ja das Glück mit mir haben können! Du setzt alles in Bewegung, mich wiederzugewinnen. Ich bin gletschertief erkaltet und lasse dich büßen. Und dann wieder büße *ich* die Ausschweifungen meiner Phantasie, wenn du in Wirklichkeit liebend auf mich zukommst. Ich bin nicht mehr arglos und mißtraue dir. Die vorweggenommene Rache zerstört deine Motive. Immer mehr verliere ich dich als wirkliche Person aus dem Blick. Ich traue dir zu, daß du mich gerne leiden läßt. Ich weiß gut, wie ich mich verhalten muß, um hinter deinem Werben die zum Schlagen bereite Hand zu sehen. Du willst mich in deine Liebe zurücklokken, um mir nur noch tiefer weh zu tun. Du willst mich aufpäppeln für die Hinrichtung. Ich weiß nicht mehr, ob *ich* das denke oder du. Ich kann nicht mehr unterscheiden, ob ich grausamer bin oder du, heimlich. Im Streit weiß ich es immer: du bist ein schäbiger Einbrecher, der nie wirklich mich gemeint hat, sondern einen Traum. Aber *mich* zu meinen war wohl auch schwierig, es gab mich noch gar nicht, und darum habe ich mich dir anvertraut.

Paul
Hättest du jemals gedacht, daß ein einfaches Gehen, einer neben dem anderen, eine Prüfung würde, die wir nicht bestehen? Wir steigen aus unseren Autos, begrüßen uns vertraut, wir lieben die Landschaft, sie ist uns doch ein Verbündeter gewesen. Du und die Bäume und die wechselnden Aussichten, sie gehören zusammen. Den nahen und den weiteren Horizont, der so oft vom Nebel verschluckt wird, habe ich nicht nur mit meinen, sondern auch mit deinen Augen eingesogen. Dein Duft und der der Bäume, der wechselnden Feuchtigkeiten des

Windes sind miteinander vermischt. Ich kann das Aufleuchten in meinem Gesicht nicht von dem deinen unterscheiden.

Wir gehen und plaudern, und auf einmal müssen wir, unmerklich zuerst, Gewalt anwenden, damit unsere Füße uns gehorchen. Von Schritt zu Schritt wird mein Gehen störrischer. Jeder Fuß fühlt sich allein. Warum sollte ich auf meine Hüfte achten müssen, wenn ich mit dir zur nächsten Anhöhe hinauf will? Und doch muß ich auf meine Hüfte achten. Die Augen suchen den Weg ab, als gelte es, den jeweils idealen Tritt zu finden. Wir fallen immer wieder aus dem versuchten Gleichschritt; es ist, als hätten unsere Knie Streit bekommen, während wir oben, in den Köpfen, noch meinen, wir wandern zusammen. Spürst du auch, wie störrisch die Knie werden? Meine pendelnden Arme verstehen deine pendelnden Arme nicht mehr, wir halten unwillkürlich Abstand, um in dem unberechenbaren Durcheinander der Glieder nicht aneinanderzustoßen. Plötzlich erscheint Berührung wie eine Gefahr. Wir wollen es nicht wahrhaben, die Vergrößerung des Abstandes geschieht unmerklich. Es sträubt sich alles dagegen, am Gehen zu scheitern. Du sollst nicht merken, daß meine

Hände auf der Hut sind vor deinen Händen. Vor jedem Viehgatter mache ich halt und lasse dich passieren, als sei ich mit den Anstandsregeln der Tanzstunde beschäftigt. Unsere Gesichter tun noch so, als seien sie unbekümmert und unbesorgt. Dennoch verfehlen sich die Augen häufiger als sonst, und um uns über die nächste Biegung des Weges zu verständigen, machen wir Gesten, als seien wir in ein Theaterstück geraten.

Jeder Vorschlag, den ich wie beiläufig halten möchte, für die nächsten zehn Schritte, für die nächste Umgehung eines von der Schneeschmelze durchweichten Stücks Boden, fühlt sich an wie eine Einmischung in deine inneren Angelegenheiten. Das freundliche gemeinsame Wegsuchen wird ein Krieg, der noch nicht erklärt ist, in der zunehmenden Schulterspannung aber den offenen Ausbruch vor sich herschiebt. Täusche ich mich oder stimmt es, daß wir beide anfangen, uns über unsere Bockbeinigkeit zu schämen? Fordere ich denn Unterwerfung, wenn ich dir an einer mir günstig erscheinenden Stelle den Stacheldraht des Weidezauns aufhalte, damit du bequemer hindurchkommst? Mir geht der Atem schwerer, wenn du dich beim nächsten Zaun entschließt, daran entlangzugehen, während ich ihn, als sei die gymnastische Eleganz plötzlich wichtig, überspringe. Ich fühle mich wie ein Pfadfinder im Examen: als müsse ich für dich, für uns, wer weiß, eine energiesparende Ideallinie zum nahen Kamm des Hügels finden. Wir gehen nicht mehr gemeinsam, und getrennt zu gehen fürchten wir uns. Alle Muskeln quälen sich damit, von der inneren Gangart des anderen unbeeinflußt zu arbeiten. Wie anstrengend das ist, so demonstrativ zu gehen, verstrickt in das Gehen des anderen und in immer kleiner werdenden Zeiteinheiten bemüht, das Gegenteil, die Freiheit des Gehens zu beweisen. Ich spüre beschämt, wie etwas, das ich für freundliches Führen hielt, sich in einen Machtanspruch verkehrt. Ich erleide Niederlagen. Die Geradheit deines Rückens scheint Siege zu feiern. Ein Lächeln könnte uns aus diesem Kampf erlösen, aber hinter dem Lächeln erscheint Verbissenheit.

Alles spricht dagegen, jetzt Worte zu gebrauchen. Ich weiß, du magst die Worte, die mir bei solchen Gelegenheiten einfallen, nicht. Sie reißen einen Schleier weg, der dir notwendig erscheint, auch wenn er mir immer durchsichtiger wird. Ich versuche, meine Knie in die Unbefangenheit zurückzuzwingen. Natürlich verliere ich den Streit mit meinen Knien. Da ich die Tür zu den Worten immer verzweifelter zuhalte, sprechen die Knie immer unmißverständlicher. An meinem Atem spüre ich, wie dein Atem flacher wird. Je mehr du fürchtest, daß ich jetzt zu Worten greifen werde, desto mächtiger drängen sie sich mir auf. Ich kann das stumme Scheitern nicht ertragen. Ich fange an, dich zu verdächtigen. Ich durchschaue deine planvolle Unbefangenheit, weil ich meine durchschaue. Da du auf dem Schein der Unbefangenheit beharrst, werde ich immer unbarmherziger in meinen stummen Vorwürfen. Alle aufkommende Wut verkehrt sich in bitteren Scharfsinn. Ich weiß, daß du jetzt nicht ertappt werden willst. Wir könnten uns ja zusammen ertappen beim Krieg der gemeinsam-nichtgemeinsamen Schritte! Noch nie habe ich mich so nach einem befreienden Gelächter gesehnt. Die andrängenden Worte würgen mich, und auf deinem Gesicht zeichnet sich die Angst vor dem Überfall ab. Daß ich keine Spur von Gelassenheit mehr in mir finde, demütigt mich. Der Krieg unserer Beine macht mir den eigenen Körper

fremd. Immer mehr gebe ich dem Gefühl nach, bald aus Notwehr zu Worten berechtigt zu sein. Ich glaube, wir hassen uns und haben Angst vor der Phantasie, den andern weit weg zu wünschen. Aus Angst wirst du liebenswürdig, deine Augen schauen fragend bemüht. Ich könnte dir den Schutz des leidenden Erstaunens lassen, aber dann müßte ich mehr Einsamkeit ertragen, als ich kann. Deine Hand wage ich nicht anzufassen, weil meine eiskalt geworden ist. Die rettende Nähe ist verschüttet. Dann kann ich die Worte nicht mehr halten, nicht mehr ihre entlarvende, schonungslose Härte mildern. –
Nach ein paar Sätzen komme ich zu mir, fühle wieder warme Gemeinsamkeit, weil die Erstickungsgefahr beseitigt ist. Aber das Gift meines Vorwurfs dringt immer tiefer in dich ein, und ich kann es auf seinem Gang in die Tiefe nicht mehr aufhalten. Alles, was ich jetzt an Versöhnlichem sage, verschlimmert unseren Zustand, weil du dich nun in die Burg der Verbitterung zurückgezogen hast und mich durch die Sehschlitze des Mißtrauens nur noch als Lügner siehst, der dich wieder auf das Schlachtfeld der Worte locken will. Dort bist du ohne Deckung. Auch wenn ich dich jetzt einfach umarmte, würdest du es mir als

Lüge verbuchen. Ja, wir beginnen zu verbuchen. Keiner genießt mehr den Schutz der Gutgläubigkeit. Alle guten Motive verlieren schnell ihren Boden. Es müßte einer kommen und gelassen sagen: wie schön, euch hier zu treffen! Seine Wärme würde vielleicht die Verdächtigung unserer Motive beenden, mit der wir uns quälen. Die Phantasie des Krieges ist plötzlich stärker als unsere schwindende Erinnerung an alle glücklichen Stunden.

Lydia
Ich verdanke dir viel. Mein Lebensmut ist gewachsen. Ich habe Dinge zu tun gewagt, die ich ohne dich außerhalb meiner Möglichkeiten wähnte. Du hast mich kühn gemacht. Ich fürchte, du kannst mir alles, was ich geworden bin, wieder entziehen. Deshalb denke ich an Trennung. Sie ängstigt mich. Ich will es nicht sein, die verlassen wird. Wir drohen uns mit Trennung. Ich schleudere dir entgegen, daß das Leben mit dir unerträglich ist. Mir ist, als hätte ich mit dir zielstrebig mein Unglück gewählt. Ich verfluche unsere Geschichte. Wenn ich eine Woche allein bin, blühe ich auf in den ersten Tagen, dann zieht

es mich zurück, es ist, als hätte ich alles Schlimme vergessen. Der Traum wird wieder wirklich, ich eile zurück und finde dich klopfenden Herzens wieder. Mit einer Spur von Triumph erzähle ich, wie gut es mir ging ohne dich. Ich bin stolz und will dir nicht nur weh tun. Halte ihn doch aus, meinen kleinen Triumph, übersteh ihn einfach, es ist doch nur ein bescheidener Versuch, das bißchen Gefallen an mir selbst nicht im Pfandhaus holen zu müssen. Ich lüge, wenn ich verschweige, daß ich aufgeatmet habe ohne dich. Es soll dich nicht vernichten, und doch ist der Ton falsch, in dem ich es sage. Die Drohung des Auseinandergehens liegt viel zu schwer über allem. Du erstarrst, und ich weiß, daß du auf Rache sinnst. Ich sehe dich noch am Abend im Kursbuch blättern und mit fernen Freunden telefonieren. Ich schleudere es dir entgegen, daß du dich nur rächen willst, und übersehe, daß du um einen Fußbreit eigenen Boden kämpfst. Wir krallen uns fest im Streit über die Rache und übersehen, daß wir im Augenblick nicht unvergiftet sprechen können. Trotzdem reden wir ohne Ende und liegen entblößt, verwundet, entwertet voreinander. Wer zuerst geht, hat gewonnen. Es kann nur einer triumphieren. Wir graben uns heute das Lebenswasser ab, von dem wir morgen trinken sollten. Wir schämen uns voreinander, und das läßt uns nur noch verbissener werden. Wer uns rät, uns ein wenig voneinander zu entfernen, um uns überhaupt wieder zu sehen, ist unser Feind. Er weiß nicht, daß jeder einen schmählichen Zusammenbruch befürchtet. Wir sind so wenig in der äußeren Wirklichkeit verankert. Wir haben bitteren Ernst gemacht mit dem unsinnigen Versprechen, alles füreinander zu bedeuten. Komm, laß uns zusammen kochen, aber verdirb mir nicht die Soße. Und laß mich die Zwiebeln schneiden, wie ich es von zu Hause her kenne. Erspar mir deine Theorie des Zwiebelschneidens und Exkurse über die Garzeit und die Fettmenge. Reiz mich nicht durch betuliche Besserwisserei. Ich verkrampfe mich, wenn du kontrollierend neben mir stehst, und bringe die einfachsten Handgriffe durcheinander. Entferne dich zwei Meter vom Herd und laß die Schnuppergeräusche, die mir deine Erwartung anzeigen, daß gleich etwas anbrennen wird, wenn du nicht hilfst. Ich wünsche mir ein großes, mich warm umschließendes Gelächter, wenn die Mahlzeit mißlingt, und eine Einladung ins Restaurant nebenan. Aber ich würde dir ja doch nicht mehr glauben, daß du nicht triumphierst oder alles aufs Konto meiner Verwirrtheit schiebst. Was bleibt mir anderes übrig, als alles zu versalzen. Ich fühle mich so leer und gedemütigt, daß ich es vorzuziehen beginne, obgleich voll Angst und mit breiigschwerem Gefühl im Magen, wenn wir uns nachher anbrüllen und prügeln. Der konkrete Schmerz lindert den anderen tieferen, und ich weiß, daß du dich über die Schlägerei mehr schämst als ich und daß deine Zerknirschung uns manchmal den Weg zu rauschhaften Stunden ebnet.

Paul
Wenn wir zusammen die Eisfläche betreten, gewinnt unser Leben Glanz. Du hattest die Schlittschuhe einige Jahre nicht mehr hervorgeholt. Als du sie mir zeigtest, geriet ich in strudelnde Gefühle. Du ließest ein fast verschüttetes Leuchten erkennen, viel Trauer und einen Funken Hoffnung, der mich sofort beflügelte. Ich war wütend auf die Jahre, in denen du ohne mich gelaufen warst. Mit welchem Recht? Ohne jedes Recht. Nur konnte ich den wehmütigen

Glanz schlecht ertragen, die Sehnsucht nach einem vergangenen Glück ohne mich. Den Funken der Hoffnung, du könntest wieder auf dem Eis stehen und strahlen, legte ich mir zurecht als einen großen Auftrag: erschaffe mich neu, denn auf dem Eis, im gelungenen Paarlauf, bin ich lebendig und kann dir vielleicht vertrauen wie niemals im Alltag. Du hast das nicht ausgesprochen, doch als wir die ersten, zaghaften Schleifen zogen, verlegen voreinander über die Rückkehr zu einem von beiden fast vergessenen Genießen der eigenen, doch auf den anderen bezogenen Bewegung, begann aus den Augen vorsichtig die Begeisterung zu leuchten, und ich las das Aufleuchten wie eine verheißungsvolle Schrift.

Lydia
Sei du mein Begleiter, mein Schöpfer; auf dem Eis habe ich keine Angst vor deiner Kraft und deiner Führung. Ich lasse mich mitreißen und weiß: du wirst mich immer wieder freigeben in meine eigenen Kreise und Spiralen hinein, und wenn ich am geplanten oder vorausphantasierten Punkt wieder auf dich treffe, mich mit dir in deinem Schwung vereinige, gehe ich doch nicht

verloren. Ich fühle mich im Schutz einer eigenen Melodie, selbst wenn wir zur gleichen Musik tanzen. Ich warte auf deinen Arm, um mich tragen zu lassen; ich sehne mich nach deinem kräftigen Anstoß, fühle mich wie das Wasser eines Springbrunnens, das es genießt, zu steigen und ins auffangende Becken zurückzufallen. Auf dem Eis sollst du groß sein. Das Eis schützt mich auch vor deiner Stärke, ich kann mich dir fügen ohne Sorge, mich nicht wiederzufinden. Nur darf sich unser Gleiten nicht in zu langsamen, ebenmäßigen, ja parallelen Bahnen vollziehen. Ich muß mich alle paar Takte von dir lösen, in eine eigenwillige Figur ausbrechen, zurückkehren und neu ausholen. Und doch ertrage ich es auch nicht, zehn Takte lang am Rande zu stehen, selbst wenn du wirbst um mich in einem kunstvollen Einzeltanz.

Paul
Manchmal bleibst du inmitten einer vereinbarten, uns länger vereinzelnden Figur entmutigt stehen. Wenn wir uns zu weit voneinander entfernen, verläßt dich die Kraft zum funkelnden Zwiegespräch. Du fühlst dich verlassen,

während ich mich doch zuversichtlich, konzentriert, fast meditierend auf dich zu bewege. Wir kennen ganz unterschiedliche Orte, wo uns der andere zu verlassen scheint. Ich rechne mit der Vollendung deiner Figur, und du siehst mich in viel zu großer Entfernung mit meiner Linie beschäftigt. Ich möchte dir zurufen: fürchte dich nicht, ich verlasse dich nicht; bleib tapfer bei dem jetzt größer und geruhsamer ausgezogenen Bogen, laß die schmerzhaft anwachsende Sehnsucht zu, das zunehmende Unerlöstsein des Körpers, ich bereite mich ja schon vor auf den feinen, fast unmerklichen Gegenschwung, der die Rückkehr einleitet. Es erschüttert mich, wenn ich dich so mutlos sehe. Aber wir wachsen mit der Wiederholung. Du berichtest mir entschuldigend von deinem Eislauflehrer und daß es ihn immer wieder erstaunte, wie dir diese distantere, ja, die Getrenntheit geradezu illustrierende, ausmeditierende Linie schwergefallen sei; daß dich ganz rasch ein Schauder des fast endgültigen Getrenntseins überkommen habe und du schon damals manchmal verzweifelt ausgesehen habest, trotz eurer sicheren Nähe und Zuneigung. Mir ist dann, als müßte ich dich stärker halten, weil du über Abgründe fährst, die

ich auf dem funkelnden Eis gar nicht sehe. Du scheinst durch das Eis eine drohende Tiefe zu sehen, oder einen Riß, als könnten wir auf sich trennenden Schollen auseinandertreiben.
Manchmal bleiben wir zu lange auf dem Traumparkett des Eises. Wir finden uns nur mühsam wieder, wenn wir die Schlittschuhe abgelegt haben. Verschwitzt stehen wir voreinander, viel zu kreatürlich, schäbig wirklich, unbeholfen im Aufeinanderzugehen. Daß wir ganz schnell den Kopf einer in des anderen Schoß legen möchten, gestehen wir uns nicht ein. Wir fürchten wohl auch die Komplikationen einer Nähe ohne das von Musik getragene Gleiten. Wir packen die Schlittschuhe ein, und statt uns schonend für eine Weile voneinander zu entfernen, beginnen wir den mühseligen Streit darüber, wo wir essen werden, wer bezahlt und in wessen Zimmer wir die Nacht verbringen.
Ein Schurke und ein Übermensch bin ich für dich. Je nachdem, welches Bild du, unvorhersehbar für mich, wählst, blähen sich bestimmte Eigenschaften in mir auf. Ich bin's und ich bin's nicht, ich verbiege mich für dich, werde mir unheimlich, verzweifle an meinen Motiven oder fühle mich hinausgehoben über mich selbst.

Entweder du schenkst mir ein Selbstgefühl, das mich berauscht, oder ich versinke in Zerknirschung. Meine Schwächen und kleinen Schurkereien setzen sich zu einem abscheulichen Mosaik zusammen. In der Mitte zwischen den beiden herrscht Leere. Wenn du mich nicht aufblähst aus deinen leuchtenden Augen, versinke ich in unsichtbares Mittelmaß, es sei denn, du stößt mich hinab in die Unterwelt deiner riesigen Verdächtigungen. Dann bin ich zwar ein Monstrum, aber nicht unbedeutend.

Lydia
Ich habe dir mein Geld anvertraut wie einen Sack voll Samenkörner, die durch deine Klugheit wachsen sollten. In meinem Geld, dessen Wert ich nicht kenne, steckt Kraft, du brauchst sie nur zu entfesseln. Befruchte mein Geld, dann werden aus Tausendern Millionen, und wir können davon ausschütten für viele.

Paul
Ich vermische dein Geld sofort mit meinem und dem meiner Familie. Es ist, als flössen mehrere Bäche in einen fischreichen Teich. Die Gewässer

mischen sich aus vielen Einflüssen. Ich sitze am Rande des Teiches und genieße wohlig die Durchdringung. Mein Vater reguliert die Strömung. An einigen Stellen wird das Wasser trüb. Ich habe Reusen aufgestellt, die keiner sieht. Ich verzehre manchen Fisch in aller Stille oder teile aus an die Familie. Niemand weiß mehr, wie tief der Teich ist und wieviel Fische darin stehen. Für mich ist Geld wie Wasser. Man kann es nicht teilen und begrenzen, nur zusammenfließen lassen.

Lydia
Du hast meine Samenkörner zerrieben und den Fischen hingestreut. Alles hat sich aufgelöst. Du hast mir auch *diese* zerbrechliche Kontur genommen, statt Bäume für uns zu pflanzen, weit oberhalb eures trüben Gewässers.

Paul
Eigentlich war der Anlaß zur Trennung so geringfügig: wir hatten uns gestritten, nicht heftiger als andere Male, dann überkam mich ein Gefühl von Absurdität, und ich meinte: dieses Streiten ist sinnlos, komm doch, und leg dich zu

mir auf die Couch, und du hast dich zu mir gelegt, den Kopf in meinem Schoß, wir haben plötzlich in einem ganz anderen Ton geplaudert und in einem anderen Ton geschwiegen, mir schien alles so friedlich, ich überließ mich meiner inneren Weichheit, ich nahm deine Hand, sah, wie dein Gesicht langsam entspannter und schöner wurde. Das Zimmer wurde größer, meine Finger fingen an, mit deinen Fingern zu spielen, ich sagte dir, wie schön dein Mund auf einmal sei. Da gab es eine kurze Störung, weil du so heftig hochfuhrst, um mich zu küssen. Es war wie ein Überfall, so als wolltest du plötzliche Beute machen, fast gewalttätig. Aber als du wieder lagst, verschwand meine Unruhe noch einmal, vielleicht, nein, oder ich drängte sie weg, doch eine Wunde war in mir berührt. Ich habe eine Zigarre angezündet, noch immer schien mir das Zimmer weiter als sonst, noch immer habe ich deine Hand gestreichelt und fühlte: es war eine behebbare Panne, ein minderes Mißverständnis, eine kleine Differenz im Ausdruck unserer Gefühle. Ich wollte so fühlen. Doch auf einmal fragtest du, ob es Taktik von mir sei, deine Hand jetzt zu streicheln. Ich spürte, wie ich erstarrte. Du hast später gemeint, ich hätte doch nur zu sagen brauchen: du Dummkopf, und alles wäre gut gewesen. Vielleicht. Nur konnte ich es nicht und spürte, wie ich meiner Erstarrung verfiel. Du fingst an zu drängen: ob ich dich denn liebe? Du warst beunruhigt. Es war so neu, wie du den Kopf in meinen Schoß legtest. Aber ich fühlte nur noch den Druck des Verhörs, dein Verlangen nach verbindlichen Aussagen, in einem Augenblick, wo alles, was ich aufbringen konnte, nicht mehr als keimende Hoffnung war.

Das Zimmer schrumpfte, und die Zigarre fing an, bitter zu schmecken. Ich sah den Staub auf der Glasplatte des Tisches und die Unordnung unter den Büchern und Zeitungen. Ich wurde müde und sagte: Komm, wir gehen ins Bett. Du hast, als wir halb ausgezogen waren, nach meinem Penis gefaßt, nur hattest du diesmal nicht den Arm um meinen Hals gelegt, und meine Hände waren wie tot. Mein Penis rührte sich nicht, er blieb unversöhnlich leblos. Der Spiegel warf das Bild unseres tastenden Zusammenstehens zurück, und mich lähmte der Klang des Wortes *obszön*, das leise in meinem Ohr dröhnte.

Wir schliefen unruhig und belauerten dann und

wann unsere Atemzüge. Ich empfand deinen spürbaren Willen zu sprechen wie eine Bedrohung, vertrieb die letzten Regungen der Bereitschaft zu reden, dachte künstlich konzentriert an meinen Aufbruch in den Urlaub am nächsten Tag. Als ich dir, oder uns, das Frühstück machte, spürte ich, daß auch du betroffen warst. Der Moment, in dem du ins Bad gingst, war so qualvoll, deine Hand schien an meinem Körper zu kleben, und ich hoffte, du könntest sie endlich abreißen. Du weißt ja längst, daß ich mich durch Kälte schütze, wenn der Schmerz zu groß werden will. Immer war deine Hoffnung größer als meine, und ich glaube, ein Teil meines schnell entflammbaren Hasses gilt der Unverwüstlichkeit deiner Hoffnung. Jedenfalls, du warst bedrückt beim Frühstück, während ich längst nicht mehr anwesend war. Ich lächelte dann und wann zurück, weil dein Lächeln, selbst deine Versuche zu lächeln, noch ansteckend wirken, aber ich staunte, daß du nicht aufgeschrien hast unter meinem Lächeln. Es war ein Lächeln, hinter dem sich nur mühsam ein tödlicher Biß verbarg. Erstarrung hilft mir gegen große Schmerzen. Ich weiß, daß du immer erschauert bist, wenn ich erstarrte. Und ich hatte eine Art

Wunderglauben an dich, weil dir einige Male gelang, was sonst nie jemandem gelungen war: mich aus der Erstarrung aufzuwecken und zum Leben zurückzubringen. Das mag ein Geheimnis unserer Beziehung sein. Aber meine Erstarrung während des Frühstücks war diesmal tiefer und deine Angst vielleicht größer, so groß, daß du die Wirklichkeit nicht wahrnehmen wolltest oder konntest und drunten von der Straße herauf noch einmal so herzlich gewinkt hast mit dem Regenschirm, daß mir mitten in meinem gemeinen Fluch die Tränen kamen. Aber du mußt es dann doch gespürt haben, denn als du gegen Mittag aus dem Büro anriefst, war deine Stimme breiig zerfallen, und in meinem Haß und meinem Bedürfnis, mich einfach von dir wegzuretten, erschien sie mir lallend und betrunken. Doch ich wußte, daß es ein Brei aus Schmerzen war, der aus deinem Mund kam. Du flehtest, ob wir uns schreiben wollten im Urlaub, ich erstarrte noch mehr vor dem lallenden Andrängen deiner Hoffnung und sagte aus meilenweiter Entfernung: Schreib, wenn du willst. Es war so entmutigend wie möglich gesagt. Mir wurde schlecht danach, weil ich wußte, wie weh ich dir tat, und ich habe es dennoch getan.

Lydia
Du bist ausgezogen. Du lügst, wenn du sagst, du habest es für uns getan. Du willst mich los sein, du willst deine Freunde treffen. Wir gehören zusammen, und du haust ab. Natürlich habe ich die gleiche Idee gehabt, aber es ist eine Idee gewesen, wenn du willst eine Drohung, ich wollte sehen, wie sehr du an mir hängst. Du aber tust es einfach! Du gehst ins Kino, du verabredest dich, während ich hier sitze und mir die Augen ausheule. Warum hast du mir ein Kind gemacht, wenn du dich eh davonstiehlst? Die dämliche Blonde aus deinem Büro hat angerufen, ich solle dich schön grüßen. Du ziehst mich in den Dreck, du Verräter. Ich knalle den Hörer auf, damit du nicht zuerst auflegst.
Ich besuche dich und will zwei ungetrübte Tage mit dir verbringen. Ich will Streit vermeiden, und auch du versprichst es. Wir sind wie auf Probe zusammen, und wenn es zu knistern beginnt, verschwören wir uns zum Frieden. Friede bis Sonntag abend. *Ich* will bestimmen, wann ich gehe, und ich brauche, daß es für dich unerwartet geschieht. Wir schaffen ohnehin keinen einverständlichen Abschied für ein paar Tage. Bedräng mich nicht mit deinen Erklärun-

gen. Ich versprech dir nichts. Was du fühlst, wenn ich gehe, habe ich wochenlang gefühlt nach deinem Weggang. Bitte keinen Streit, wer wem Schuldgefühle macht! Ich weiß, wenn ich das sage, bist du es, der sie hat.

Paul
Du hast still und geduldig Material gegen mich gesammelt, das deine tiefsten Befürchtungen, was ein Mann dir antun könnte, genährt hat. Als es dann nach den Monaten wehrlosen Schweigens aus dir herausbrach, erdrückte mich das fast lückenlose Panorama meiner Charakterzüge. Nichts war rechtzeitig besprochen, aufgehellt, verziehen worden. Du hattest eine lange lange Indizienkette in der Hand, und ich verhielt mich wie ein Angeklagter, der sich herausreden will. An der Wucht der Verdächtigung konnte ich erahnen, was ich dir zugefügt hatte in meiner Wut über das verlorengehende Bild der Verheißung, das unserem zerbrechenden Bündnis als wolkiger Untergrund diente. Es gelang uns nicht mehr, unsere Unreife als eine gemeinsame Aufgabe zu sehen.

Lydia
Ja, Paul, ich brauchte die getrennte Buchführung. Ich hätte sonst schon nach den ersten Wochen aufgegeben. Um meine Hoffnung nicht zu verlieren, habe ich alles, was mir mißfiel und was mich, auf meinem begeisterten Höhenflug, viel unmäßiger ängstigte, als es dem realen Anlaß entsprochen haben mag, in eine gut verschlossene Kiste gesteckt, wünschend, halluzinierend, sie werde in einem Keller verrotten und ich brauchte ihren Inhalt nie wieder zu Gesicht zu bekommen. Ich habe dich aufgeteilt und dir nichts mitgeteilt von dieser List, die ich doch nicht frei wählte. Du hast verloren, ohne es zu merken. Mein Verschweigen hat dich wie ein wütendes Tier anrennen lassen gegen einen verschlossenen Raum, den Raum des bedrohlich wachsenden Vorbehalts. Ich ließ dich auf zerbrechlichem Eis gehen und sah die abgründige Tiefe, die du nicht sahst, nur als dumpfe Angst spürtest. Und in deiner Angst wurdest du immer gewalttätiger, hast Worte gebraucht wie andere Hammer, Meißel, Brecheisen, und die Kiste wurde schwerer und bedrohlicher, sie sank auf den Grund, von dem aus ich sie selbst nicht mehr heben konnte.

Paul
Wenn du dich nach einem kurzen Wochenende entfernst, winkst du lange, so als müßtest du dich mühsam losreißen. Es ist eine Zeremonie der Trennung, die mir ein paar traurige Stunden einbringt. Du tröstest mich mit langem langem Winken scheinbar darüber hinweg, daß du gehst. Doch du gehst immer, unerbittlich, und manchmal früher, als deine Aufgaben es verlangen. Deine ganze Kraft der Zuneigung legst du in das Winken. Ich bewundere dein Winken, du tust es noch aus großer Entfernung voller Anmut und Sehnsucht. In der Bewunderung bin ich erbittert und will es nicht wahrhaben. Im Dich-Entfernen wirst du verheißungsvoll. Durch die dünner werdende Luft dringen immer intensivere Zeichen. Die Straße mit den kleinen Gärten vor den Häusern bietet dir Halteplätze. Mitten im Ritual der geschwungenen Arme durchzucken mich Sätze, deren böse Kürze mich erschreckt: »Nun hau doch endlich ab!« Deine Abreisen fühlen sich an wie traurige Gedichte. Ich bin anfällig für die dunklen Verheißungen der winkenden Arme, locke sie vielleicht aus dir heraus. Daß wir so wenig Zeit miteinander haben, scheint nicht ein wirkliches, ein mit

gutem Willen zu lösendes Problem, sondern ist wie in milde Tragik getaucht. Was mag wohl hinter der Tragik liegen? Wenn ich doch nur nicht so anfällig wäre für paradiesische Wünsche. Erstaunt und verworren vernehme ich, daß du immerzu mit mir umgehst im entfernten Büro, daß du in der Phantasie dich mir öffnen kannst, daß ich dich dann nicht angreife, dich nicht vielwissend bedränge, wenn du dich in sanften Nebel hüllst, der deine Konturen verwischt. Du sagst, du habest mich so nahe bei dir, daß ich gar nicht bei dir sein muß. Und ich werde immer gieriger nach deiner wirklichen Nähe, sichtbar will ich dich, immer zum Greifen nahe, und je mehr ich dich bedränge, desto mehr läßt du dich ein auf das gute Phantasiebild, das du von mir hast. Ich bleibe zurück, verlassen, gierig, vorwurfsvoll, der Schädling deines Wohlbehagens, vor dessen wuchtiger Einwirkung du wie in Panik das Weite suchst.

Ich erahne die Gestalt, die ich sein müßte, um dir wohlzutun. Sie ruht in sich selbst, ist gelassen, sie legt dich nicht fest, sie läßt sich nicht erschüttern durch deine Rückzüge, sie spürt nicht allzu stark deine untergründige Wut, und sie beantwortet deine tiefen Zweifel an allen guten Motiven mit einem zuversichtlichen Lächeln, das Wochen und Monate warten kann, ohne recht zu behalten. Ich bin viel kleiner als diese Gestalt, ja, ihre ausstrahlende Größe verkleinert mich zu wütender Rechthaberei. Ich gehe, wie *du* zu meinem guten Bild aus der Ferne, eine ebenso trügerische, vielleicht betrügerische Verbindung ein zu dem wütenden Teil deines Bildes. Ich entwickle einen siebten Sinn dafür, wann und wo du es nicht gut meinst mit mir, wo du alte Wunden aufreißt, wie mir scheint, in unfaßlicher Leichtfertigkeit. Ich schäme mich vor dem schönen Bild, das du von mir haben möchtest, und ich glaube, ich nötigte dich auch zur Scham, weil du dem überhöhten Bild von dir, das ich dir entgegengehalten habe, anfangs strahlend entgegengegangen bist. Wir haben einander Flügel verliehen, Zukunftsflügel mit dem leuchtenden Gefieder der Verschmelzung. Der Aufwind, den wir einander unter die plötzlich nicht mehr schwerfälligen Leiber bliesen, schien ein Teil von uns selbst. Ich liebte den Aufwind aus deinen Augen. In deiner Gegenwart konnte ich fliegen, innen, und den inneren Fallwinden entgegensteuern. Ich weiß, oft habe ich nur noch den Aufwind gesehen in dir und

nicht mehr dich. Auch du hast mich als Aufwind mitgenommen ins Tal, und ich blieb flügellahm zurück.
Zu unbekümmertem Handeln hätte ich dich verführen, hinreißen sollen. Manchmal gelang es. Durch unmerklich sich einstellende Verletzungen habe ich mich aufhalten lassen, und dann habe ich immer wieder meine Stärke, meine Lust am verwegenen Enträtseln mißbraucht, um an dir zu rütteln, als könnte ich erzwingen, dir Kontur zu verleihen, um mich selbst wieder festhalten zu können an deinen klaren Umrissen. Ich habe nie jemanden so erschreckt wie dich, und wenn ich dein Erschrecken und mein Dicherschrecken-Müssen erklären wollte, fühltest du dich zerfleischt, und ich wurde zum Raubtier an dir, das seinen Biß nicht lockern konnte, weil es hoffte, rückverwandelt zu werden in ein bekömmliches *Du*.

Lydia
Wir nähern uns beide auf getrennten Wegen, jeder in seinem Auto, dem vereinbarten Platz der Begegnung, um weiterzufahren. Ich sehe dich kommen, das Klopfen in der Brust wird stärker,

ich gebe es weiter in die Lichtsignale der Scheinwerfer. Du antwortest zurückhaltend. Und dann entscheidet eine Sekunde über die Lust oder die Last der weiteren Stunden. Jeder wartet auf das Lächeln des Anderen. Wenn es erscheint, ist zumindest ein kleiner Tritt geschaffen für die nächsten Sekunden. Wir achten längst überscharf auf geringste Zeichen des Zweifels, eines Mangels an Freude. Wir machen unsere Gesichter zum Schicksal füreinander und verbrauchen oft schon vor dem Händedruck unsere Reserven an Zuversicht. Wir treten mit entblößten Wunden aufeinander zu und erwarten Linderung. Beim ersten Schmerz zucken wir zurück und verkriechen uns, hoffen und warten, bis wieder ein gutes Zeichen möglich wird. Ich kann es oft nicht vermeiden, daß sich meine Stirn für winzige Augenblicke furcht: zu lange, um dich nicht zu erschrecken. Manchmal sagst du: schrei mich doch an, meist, wenn es schon zu spät ist, und dann scheitere ich an dem Verdacht, du hättest es darauf angelegt, mich zum Schreien zu bringen. Wir geben uns Mühe im Auto, uns durch Lächeln und kleine Gesten zu erreichen, und müssen hilflos zuschauen, wie das Mißtrauen schneller anwächst als unser guter Wille laufen kann. Und wir verschleißen viel zuviel guten Willen. Warum müssen wir uns denn anstrengen, guten Willen zu bekunden? Alles Geplante verschärft nur die Zweifel. Das Gehäuse des Wagens umschließt uns wie ein verderblicher Kokon. Wir könnten einen Klumpen bilden zusammen oder die Stachelhaut der Abgrenzung herauskehren. Dazwischen liegt Erstarrung. Ich rieche deinen Duft ganz nahe, und doch bist du der Feind, der nichts Gutes mehr in mir sieht. Wer wen ansteckt mit dieser lähmenden Angst, ist unklar, aber wir stecken uns an, verfeinern unsere Frühwarnsysteme, die Alarmintervalle werden immer kürzer.

Paul
Wenn ich fahre, scheine ich, zu meiner Rettung, ganz mit Fahren beschäftigt. Meine Augen klammern sich an diejenigen, die zum Überholen ansetzen. Der Rückspiegel ist mein Halt: ich bin beschäftigt und kann den unbefangen beschäftigten, ja verantwortungsbewußt aufmerksamen Wagenlenker spielen. Wenn uns nur jemand zum Lachen verhülfe. Ich versuche, die Landschaft zu betrachten, weil Reden nicht

möglich ist. Aber hinausschauen und etwas sehen ohne dich, ist eine Gemeinheit. Wir sitzen nahe beieinander und haben dasselbe Ziel, und doch müssen wir voneinander absehen, und das Wegsehen ist wie eine kleine Vernichtung. Man kann bei Tempo 130 nicht in ein Handgemenge verfallen. Manchmal denke ich ans Aussteigen. Die Phantasie dreht durch, und die Atemluft wird wieder knapp. Jeder von uns wird spürbar unbarmherzig, und wenn er lange genug unbarmherzig war, tut er einen ungelenken freundlichen Schritt, der ins Leere geht. Ein zweiter würde vielleicht Erfolg haben, aber wir brauchen inzwischen Prüfzeiten für unsere wechselseitigen Absichten, die uns überfordern. Jeder weiß für sich, daß der andere auch leidet, aber so, *wie* er gerade leidet, wird er ein Täter übelster Sorte: du erstarrst, und ich bekomme Lust, dich brutal zu schütteln. Ich bin weit weg von der Temperatur, die deine Erstarrung auftauen könnte. Und meine mageren Mittel kommen dir immer wieder bedrohlich vor. Daß du erstarrst, läßt mich zweifeln, ob noch irgendein gutes Haar an mir ist. Deine guten Haare, so fühlst du es, habe ich dir längst einzeln und mehrfach ausgerissen. Deine Wehrlosigkeit erbittert mich immer mehr, bis ich erschöpft bin und nur noch wütende Ohnmacht fühle. Und dabei gaben wir uns doch zu Anfang das Gefühl, wir können einander noch einmal neu und anders erschaffen. Aus dem Aufwind ist ein dauernder Absturz geworden. Unser Warten auf Liebesbeweise wird ein System von Erpressung. Heute weiß ich, was ich hätte tun oder sagen können in manch bitterer Lage: wenn du mir mitten aus böser Verzweiflung heraus eine Zigarette gedreht hast, war vorn auf der Zunge ein eisiges Danke, hinten auf der Zunge lag ein Schwall von Tränen bereit, die mich sofort fahruntauglich gemacht hätten. Im Träumen, wie ich hätte sein müssen, sage ich: »Wir fühlen uns beide beschissen, aber es ist ganz toll, daß du mir eine Zigarette drehst.« Nach dem zweiten Komma schon hätte ich nicht mehr weiterreden können. Was fingst du mit einem an, der sich in Tränen auflöst? Losheulen wäre ein zu großer Schritt gewesen. Ich hatte auch Angst vor *deinen* Deutungen, oder vor dem unmerklichen Zurückschrecken. Beide stecken wir voll wildgewordener, lauernder Aufmerksamkeit füreinander.

Lydia
In ruhigen Zeiten kann ich gut von dir und mir denken als einem WIR. Manchmal spreche ich es fast jubelnd vor mich hin, manchmal gelassen und manchmal so, als sei dieses Wörtchen ein Fluch, der uns aneinanderkettet. WIR haben uns Momente, Stunden und Wochen geschenkt, die außerhalb jeder Erwartung lagen, die Horizonte des Phantasierbaren haben wir überschritten. Und dann wieder haben wir uns Dinge angetan, die so schwer zu verzeihen sind, die uns, aus naher oder ferner Vergangenheit, überfallen, wenn wir gerade wieder einmal tastend aufeinanderzuzugehen versuchen. Zu einigen vertrauten Menschen kann ich ruhig über UNS sprechen, selbst dann, wenn bitterer Krieg herrscht: diese wenigen verschaffen mir immer wieder Zugang zum selbständigen WIR, weil sie uns jenseits unserer Bitterkeit als ein zusammengehöriges IHR sehen. Andere wiederum vertiefen, schon wenn sie auftauchen, unsere Spannung. Ich kann ruhig und zuversichtlich, für mich allein, oder sogar mit dir zusammen, mit diesem WIR auf ernsthafte und glückliche Weise spielen, es pflegen, erweitern, darüber meditieren, und dann erscheint jemand aus deinem berufli-

chen Kreis oder ein Freund aus früherer Zeit, und meine Gelassenheit bröckelt ab, das Gefühl von Ausschluß und Verrat, von zerstörerischem Bündnis kommt auf, und all meine ruhige Vernunft geht verloren. Ich sinne nur noch auf Überleben, kann die panikartige Gefahr nicht einmal benennen, und wenn ich sie in Worte fasse, scheint sie lächerlich, ich bin beschämt über das Schiefe, Übertriebene, Maßlose meiner Angstphantasien und setze Rachegedanken dagegen, die ich ebenso für mich behalte, weil sie maßlos sind. Mich überschwemmt die Angst, der Urgrund des Lebens könnte aus Verrat und Verlassen bestehen, und du seist ausgesandt von diesem Urgrund, vom Fürsten der Unterwelt des Verrats, um ihn an mir exemplarisch und vernichtend zu vollziehen. Sein langer Arm beschert mir ein Alleinsein, das schlimmer ist als Tod. Es ist Sterben ohne Sterbenkönnen, doch unser Sichquälen, der Haß, die Schläge, das Kratzen und Beißen und all die Verfeinerungen des Demütigens sind wenigstens Leben. Wenn du mich quälst, lebe ich, und wenn ich dich quäle, leben wir. Ich erstarre unter einem deiner bösen Worte, also bin ich. Du fliehst vor meinem Biß, also bist du, also SIND wir.

Paul
Jetzt, da dein Bauch langsam dicker wird, hilft es uns oft, gemeinsam die Ankunft des Dritten zu bedenken. Wir schließen Frieden und sind andächtig. In der Zimmerecke, in der die Wiege stehen soll, ist die Friedenszone. Dort stelle ich Blumen hin und du wechselnde Fotografien von uns beiden aus verheißungsvollen Tagen. Ich beobachte dich oft über den Rand der Zeitung: obwohl es noch Monate sind bis zum ersten Tag der neuen Familie und zum Abschied vom ausschließlichen WIR, vom ältesten Tag des alten WIR, machst du mit feinen, pflegenden Gesten die kleine Ecke wohnlich. Ich hole den Fotoapparat wieder hervor, aber der Apparat ist gefährlich. Sobald du weißt, daß ich auf dich ziele, verschwindet die selbstvergessene Anmut, die mir, ohne daß du es hörst, immer neue Schwüre der Treue entlockt. Ich kann es nicht fassen, daß unsere Hilflosigkeit am Anfang dieses Aufblühens stehen soll. Wenn ich dich immer wieder fotografiere, ist es leichter zu ertragen, wie sich in dir Dinge vollziehen, die ich weder steuern noch kontrollieren kann. Ich habe dich geschwängert, ich sage mir das hundertmal am Tag, aber damit kann ich doch nur den

chaotischen Sturm von damals benennen. Gut, ich kann dich wieder weniger erbittert pflegen, deine anmutige Hilflosigkeit ist nicht eine Fluchtburg des Trotzes, ich finde zu Gebärden zurück wie aus der Zeit meines Umgangs mit den Armen und Kranken, nur nicht so mildtätig, sondern durchtränkt von Stolz und bedroht von der Gefahr, ausgeschlossen und abgeschnitten zu werden. Mit meiner Fürsorge für dich will ich auch den Dritten, unser Kind, erobern. Du ahnst meine Ängste und ziehst mich vor den großen Spiegel, legst meine Hand auf deinen Leib, schlingst die andere um meinen Hals und sagst: es ist unser Bauch. Der Spiegelrand umrankt ein Gemälde, das mich einige Male mit Tränen in den Augen aus dem Zimmer stürzen läßt. Meine Tränen kann ich dir noch nicht zeigen. Das Weinen gehört dir, es war immer dein Geschenk für mich, und deine Unterwerfung. Deshalb nehme ich auch immer wieder den Fotoapparat. Er ist ein Schutz gegen das Aufschluchzen, aus dem ich vielleicht nie mehr herausfände.
Ich lese viel über die Gefühle von Vätern, auch werdenden Vätern, finde manches, das mich beruhigt, aber wenig über die Schauer der Ungewißheit, ob da ein Freund oder ein Feind

heranwächst. Etwas Überschwengliches verbindet mich mit den zarten Bewegungen in dir, und überschwenglich ist auch die Angst, unmerklich überflüssig zu werden. Ich verstehe jetzt besser, was du mit dem Urgrund des Verrats meinst, es ist nicht nur deine Krankheit, auch meine. Ich hoffe auf einen Sohn, du hoffst auf eine Tochter, als sehnten wir uns beide nach einem Bundesgenossen. Als wüßten wir nicht, daß wir uns damit schon wieder einspinnen in ein feines Gewebe der Absicherung des einen gegen den anderen. Gewiß, wir erleben wieder viele glückliche Momente, in denen wir über diese auseinanderstrebenden Sehnsüchte lachen. Manchmal weiß ich es, manchmal weißt du es, manchmal wissen wir es, daß wir es doch nicht steuern können, für wen sich der Dritte entscheidet, gleich, welchen Geschlechts er ist, und wir arbeiten gemeinsam an der Hoffnung, nicht um ihn werden werben zu müssen, gegen den anderen. Aus den langen Gesprächen über unsere Familien kommt uns nun doch vieles zu Hilfe: daß sie gespalten waren und alle Zuneigung und Sicherheit, die wir fanden, eingefärbt war vom unaufhörlichen Wogen undurchschaubarer Fronten. Wir wissen, daß wir gerissene Diplomaten der Liebe

sind, und wenn wir dieses Gewerbe aneinander mit der größten Kunst ausüben, ertrinken wir längst in einem dunklen See, den jede Spur von Taktik nur noch schwärzer färbt.
Wir sind Strategen geworden, die vor dem einfachen Problem des langsamen und gleichzeitigen Ablegens unserer vielfältigen Waffen beständig versagen. Der mögliche Retter oder Verderber ist jetzt in deinem Bauch. Er kann uns in Streit stürzen über Geld oder Ernährung oder Verteilung der Aufgaben. Da mir das Vatersein unheimlich ist, lese ich viel über die Gefühle von werdenden und stillenden Müttern und begleite dich in die Wickelkurse. Es bedroht unser zerbrechliches Gleichgewicht, daß ich manche Handgriffe von Anfang an besser kann als du. Die sicheren Gesten der Hände erlahmen dir sichtbar von einem Krampf in den Schultern her. Wenn ich die bessere Mutter werde, schwindet meine Angst vor der männlichen Einsamkeit.

Lydia
Das ruhige Daliegen. Endlich für Stunden und Tage Ruhe. Ausbrüten. Wachsenlassen. Das

Schwangersein ist wie ein Geschenk, wenn ich mich ausgeglichen fühle. Ich variiere das Thema: ich bin schwanger, wir sind schwanger. Beides ist schön, wenn in der Wohnung jenes ganz weiche Licht liegt, das allem die Schärfe nimmt. Ich nehme es wahr als eine Eigenschaft des Lichts, aber natürlich ist etwas in mir, was von innen nach außen und dann wieder zurück in mich hineinflutet. Wenn du nach der Arbeit kommst und ich kann das weiche Licht in der Wohnung halten, dann tauchst du ein und schwimmst durch die Räume, es umspült dich, es trägt dich zu mir, wir liegen zusammen und baden darin und unser Reden ist wie ein Plätschern. Oder wir lassen uns von Musik einhüllen, ja, manchmal ist es wie eine doppelte Hülle, das Licht und die Musik. Wir versuchen, möglichst lange *nichts* zu tun, um die uns umfließende Stille nicht zu stören. Sobald einer unserer Mägen, meist ist es der deine, zu knurren beginnt, wird es schwierig. Der Hunger ist störend. Er zerreißt den Lichtmantel, und wenn du anfängst, am Herd zu hantieren, dringt Kälte durch den aufgebrochenen Riß. Ich weiß, du wünschst dir beides: daß ich diesen dämmrigen Lichtmantel um uns her verbreite, wenn du kommst, und daß du, wie ein Mann, der schwer gearbeitet hat und nach Hause kommt, Essen und Ordnung vorfindest. Du verstehst nicht, daß ich mich fallenlassen muß, um an diesem Mantel zu weben. Es ist meine Arbeit, den Zauberfaden wiederzufinden, mit dem ich uns einspinne. Ich fürchte, du merkst gar nicht, ein wie feines Gewebe von Nähe du jedesmal dann zerreißt, wenn du Hunger bekommst und mit leicht vorwurfsvollem Gesicht und lauter als nötig in der Küche hantierst. Du hast eine Weise abzuspülen, daß mir mein Bauch plötzlich bedrohlich vorkommt und ich verwundet aus dem WIR herausfalle. Dein Essen schmeckt mir nicht, iß doch allein, laß mich in Ruhe, nimm deine fragenden, tröstenden Hände weg von meinem Bauch, er gehört mir. Wohin kann ich ihn retten vor dir? Ich hasse dich, daß du ihn mir gemacht hast. Ich überlege, wie ich Zweifel in dich säen könnte, daß du es warst, aber vor diesem Gedanken schrecke ich zurück und verschließe ihn ganz ganz tief. Er hat auch nichts Wahres, nur in der mir entgleitenden Phantasie.

Die leibliche Treue ist mir selbstverständlich und heilig, ich glaube, ich würde krank, wenn ich dich wirklich betröge. Aber manchmal lasse ich meinen Gedanken freien Lauf und fühle mich mächtig, und du mit deinem Vaterstolz bist in meiner Hand. Ich träume von einer ganz ganz anderen Liebe und Ehe und beschwöre das Gesicht eines Mannes, der auf einer Reise mit berauschendem Nachdruck um mich warb. Die Gewißheit, die ich brauche, daß ich dich wahrscheinlich zum Mann gemacht habe, beruhigt mich. Ich halte deine Treue ebenfalls für selbstverständlich, wenn auch für schwächlich. Alle diese Gedanken enden zwiespältig, eher niederdrückend. Mir ist das Treusein selbstverständlich, und trotzdem hoffe ich, dich damit zu verpflichten.

Paul
Früher, in den Arbeitersiedlungen, als ich mich noch für einen friedfertigen, streitlindernden Menschen hielt, glaubte ich mich doch plötzlich immer wieder eines Mordes fähig, wenn ich sah, wie betrunkene Männer ihre schwangeren Frauen schlugen. Ich tue es jetzt, ohne betrunken zu sein. Meine Arme gehorchen mir nicht mehr, ich gehorche ihnen, so wie mir mein

Atmen fremd wird, wenn es hechelnd und unkontrollierbar viel zuviel Luft in mich hineinpumpt und mich noch tiefer in die Erregung führt. Erst wenn ich dich eine Weile wie im Schraubstock festgehalten und wenn ich abgewartet habe, wie sich dein schlangenhaftes, widerwärtiges Sichwinden langsam entkrampft und in ruhiges, doch verzweifeltes Weinen übergeht, kann ich von dir ablassen. Manchmal haben wir blutende Verletzungen und gehen beschämt auseinander oder trösten uns und weinen zusammen. Ich weiß, daß auch für dich das Schlagen einer Schwangeren kaum zu verzeihen ist, und doch ist mir, als führte ich es nicht alleine herbei. Es ereignet sich am Übergang vom Verschmelzen zum haßerfüllten Alleinsein, in das einer den anderen stoßen kann, wenn er sich losreißt mit einer Bewegung, die verletzt, verhöhnt, erniedrigt. Jeder von uns hat seine Würgegriffe. Nichts ist uns in Bruchteilen von Sekunden so zugänglich wie die nie verheilten Wunden des anderen. Deine Wunden sind mein düsterer, aber sicherer Seiteneingang zu dir. Doch nur im Schmerz kann ich die Tür eintreten.

Lydia
Ich liege bei dir, eine große, heilsame Ruhe überkommt mich. Ich brauche dich nicht anzusehen, ja, ich will dich gar nicht sehen, das wäre zuviel, wenn du mir riesig oder unbekannt und fremd mit eigenen Bedürfnissen in die Augen springst. Ich will dich nur riechen, dich atmen hören und mit meinem Zeigefinger behutsam Teile deines Körpers nachzeichnen. Schon wenn ich die ganze Handfläche auf dein Knie lege, wird es mir zuviel. Nur die Fingerkuppe will fühlen, daß du da bist und einen Umriß hast. Es ist die Nähe eines fast unbekannten Anderen. Natürlich bist du es, aber ich entkleide dich vieler konkreter Eigenschaften. Deine schützende Nähe, die mich mit keiner eigenen Bewegung beeinträchtigt. Du mußt fast regungslos liegen, nur *sein*, dasein. Ganz nahe bei dir kann ich dann für mich sein, mich mit meinen Gedanken unmerklich entfernen, zurückkehren, den Druck meines Fingers vorsichtig verstärken, auf meinen eigenen Atem lauschen, hören, wie er sich von dem deinen unterscheidet. Die Straßengeräusche dringen gedämpft herauf. Ich weiß, du hörst sie auch. Wir sind zusammen und nicht zusammen. Jedes Wort könnte das Band zerrei-

ßen. Wie selten hältst du sie aus, diese gemeinsame Nähe, aus der ich herausschlüpfen und in die ich zurückkriechen kann. Niemandem könnte ich gestehen, daß ich manchmal daliege und bete, du hieltest noch eine Weile so aus. Ich kann dir nicht beschreiben oder erkennbar machen, was in mir vorgeht. Nur weiß ich, daß ich hin und her gehe zwischen Alleinsein und Bei-dir-Sein und daß mir der Rücken und das Profil meiner Großmutter einfallen, wenn sie ihre Patiencen legte. Sie mochte es nicht, berührt zu werden, wenn sie aber ganz gebannt über ihre Karten gebeugt saß, schien sie es nicht zu spüren, daß ich sie vorsichtig und staunend mit dem Zeigefinger berührte. Es war, als müßte ich etwas stehlen, während sie unaufmerksam war. Ich ertrage es nicht, wenn du fernsiehst. Du bist dann nicht wirklich bei mir. Ich werde wütend, wenn du meinem Zeigefinger nicht mit Aufmerksamkeit, ja mit Andacht folgst. Die sanfte Berührung soll durch Stoff und Haut dringen und wie eine Botschaft in dir ankommen, die, um verstanden zu werden, chiffriert bleiben muß und niemals in das Gehäuse von Worten eingehen darf. Ich brauche dann nur deine Ruhe, deinen vermuteten Innenraum, in den mein

Finger eine Botschaft hineinstreicheln will. Deine Eingeweide dürfen gurgeln. Diese Sprache ist erlaubt. Es ist, als entspanne sich das Gedärm. Du bist wie ein großes Tier, das verdaut, und ich bin ein kleineres Tier, das brütet. Um zu erfassen, was uns jetzt verbindet, müßte einer von ganz weit oben, voller Güte und mit einer gewissen Rührung auf uns herabblicken. Dann gäbe es für mich einen Gott: wenn er diesen Blick hätte, den ich mir bei diesem Daliegen manchmal wünsche. Dann kann ich mich fühlen wie ein wohlgeratenes Stück Natur, halbausgebrütet und also bedürftig nach einer großen Hand, die mich, oder uns, hält und für mein immer wieder ruckhaft und qualvoll unterbrochenes Wachstum sorgt. Manchmal lasse ich dich mit dieser vermuteten, als Wunsch vorhandenen Gottheit eins werden. Aber dann verliere ich meinen Mann und wage kaum noch, die Augen zu heben. Ich bin verwirrt, bitte dich heimlich um Verzeihung und fühle mich krank und schuldig. Von alledem aber erfährst du erst wieder, entstellt und vergiftet, wenn ich einen Streit vom Zaun breche, in dem ich dich zurückverwandle in meinen gutmütigen, feigen, herrschsüchtigen, liebenswerten, bösartigen Gemahl. Vielen Dank, mein Schatz, für diese Minuten der tiefen kreatürlichen Ruhe, und also ade, du unruhiger Tölpel, der mir dies nicht länger gewährt. Du Maulheld der klugen Worte, süchtig nach Verstehen und Formulieren, du wirst schon nicht sterben, wenn du die Unrast deines Gehirns einmal stillegst und auch ein Stück Natur wirst! Selbst deine einfühlenden Worte kann ich nicht mehr ertragen, Invasion bleibt Invasion, und auch sanfte Übergriffe sind Übergriffe. Ich fühle mich böse, daß ich meine hundertfach ausgesprochene Einladung, mich einfühlend zu verstehen, so hinterhältig zurücknehme. Deine durch alle Ritzen eingedrungenen Worte, die sich oft so warm anfühlen, kleben überall in mir und machen mich mir selber unkenntlich. Ich ätze dich mit verletzendem Rückzug und Schweigen wieder aus mir hinaus. Bleib mir ganz nahe, aber verschwinde aus mir, hörst du, verzieh dich hinter deine eigene Haut zurück und laß mich in aller Ruhe deine Körpergrenze ertasten.

Paul
Wer bin ich noch, wenn du dich verschließt? Ich habe mich in dir verfangen und mich daran

gewöhnt, uns beide zu bewohnen und dich als meine bald vertrautere, bald grausige Behausung zu besitzen. Wenn du so unglaublich still, mit verlangsamten Gebärden, ja mit verlangsamtem Seelenleben, neben mir liegst, kann ich es nur für Minuten genießen. Unmerklich fühle ich mich umschnürt, stillgelegt, in die Zeitlupe zerdehnt. Ich müßte mich in einen Teddybären verwandeln, um dieses aufreizend verlangsamte Kraulen in meinem Fell zu ertragen. Ich starre zur Decke und habe Angst, meine Augen könnten zu Glasaugen werden und der Atem könnte mir stillstehen, weil in der Brust nur noch Wolle und Sägemehl sind. Ich will mich bewegen, mit dir sprechen, Zeitung lesen oder fernsehen. Ich verhungere in deiner Nähe, wenn schon ein kurzes Dich-Anschauen wie eine störende Überrumpelung ist. Ich genieße deine streichelnde Nähe, wenn ich wenigstens den Kopf mit Sätzen oder Bildern beschäftigen darf. Ich will den Kopf über Wasser behalten. Ich kann nicht einfach SEIN, dasein, ich zerfließe, dagegen hilft nur der heftige Ruck des Aufstehens, der dich zurückstößt, wenn ich, um dich zu schonen, bereits zu lange regungslos lag. Du schlägst mir die Worte aus der Hand, ich bin

haltlos und taumle, muß Knochen und Muskeln in Bewegung setzen, sonst erwürge ich dich. Ohne Erbarmen brächtest du mein Herz zum Stillstand. Laß mich wieder hinein in mein-deine innere Behausung. Zum ersten Mal in unserer Ehe vergewaltige ich dich. Aber ich kann dich nicht zwingen, die Augen zu öffnen und mich zu begrüßen. Trotzdem können wir ermattet nebeneinander liegenbleiben . . .
Weil es klingelt, erheben wir uns, spielen verwundert und unbeholfen zwei verheiratete Menschen, die Tee kochen und mit Gästen wie einstudiert über Literatur und lohnende Wanderwege reden. Es ist gespenstisch, aber es verbindet uns auch: wir waren tief eingetaucht in Schmerzlich-Absurdes, dieses Gespräch mit Gästen aber ist noch absurder. Wir blinzeln uns zu wie eben noch im Kampf verknäulte Hunde, bei denen Herr Nashorn und Frau Giraffe zu einem Höflichkeitsbesuch erscheinen.

Lydia
Du hast mich erneut verraten, als unsere sogenannten Freunde da waren, trotz des Blinzelns. Mit dem Nashorn zusammen hast du dich in

Zigarrennebel gehüllt und fast geschnurrt vor mann-männlichem Behagen. Eine ganze halbe Stunde lang bist du nicht ein einziges Mal gekommen, um mich zu umarmen. Ihr habt gepafft, als wärt ihr Spiegelbilder, Kopien. Verräter! Wo ist mein Platz, während ihr euer Zigarrenqualmbündnis feiert? Wir reden, und du bist doch nicht da. Und der Flirt mit dem Giraffenweibchen war an der Grenze des Erträglichen. Ich will, daß du nie mehr Kaffee trinkst mit ihr in der Stadt. Sie wird hundert berufliche Gründe finden, sich mit dir zu treffen, und du Tölpel merkst nicht, wie sie gurrt. Um dich herum wimmelt es von diesen Ziegen, deren Meckern dir wie Musik tönt. Warum wirfst du sie nicht hinaus, wenn du merkst, wie sie mich übersehen? Der Tee in der Tasse schwappt mir über, so sehr denke ich daran, ihr das Gesicht zu zerkratzen. Bestimmte Schwingungen in deiner Stimme gehören einfach mir, verstehst du! Paß auf deinen Kehlkopf auf. Ich werde mich rächen für seine Entgleisungen. Die Giraffe ist nicht imstande, eine Panne an ihrem Wagen selbst zu beheben, nur damit du den Kavalier spielen kannst. Man wird dich wieder einmal als vollendeten Gastgeber preisen, du Schmierenkomödiant. Statt mich zu beschützen, betreibst du Imagepflege. Du fürchtest, die Karikatur unserer Ehe könnte publik werden. Ich pfeife auf unser Image. Du kannst froh sein, daß ich nicht schreiend vor Wut auf die Straße gelaufen bin: alle meine Zeichen, die beiden endlich rauszuschmeißen, hast du übersehen. Je mehr ich siede, desto charmanter entfaltest du dich. Ich hasse dein Kontrastprogramm zu meiner Untauglichkeit. Heute werde ich dich reizen, bis du vor Geilheit kochst, und dir dann entgegenschleudern, daß ich keine Lust habe.

Paul
Erinnerst du dich an unseren ersten Abend? Ich hatte dich zum Tanzen eingeladen mit den Gebärden eines gehemmten Tanzstundenjünglings. Du mußt sofort gespürt haben, daß sich etwas ganz anderes anbahnte als ein vergnügter Abend in einer Diskothek. Nach der ersten Runde mußte ich mich setzen, so stark wurde das Bedürfnis nach Anklammerung, ja irgendwie nach Rettung, ich konnte das Theater: junger Mann führt junge Frau zum Tanz, nicht weiterspielen. Auch du hast dich widerstandslos

gelöst aus dieser falschen Verabredung. Kaum saßen wir, da fing ich an, über meine Trauer zu reden, und rückblickend will mir scheinen, als seist du dabei helfend und einfühlend aufgeblüht. Ich sagte auf einmal: Weißt du, du mußt aufpassen, ich bin ein Fall! Da sankst du mir unversehens in die Arme, ich war erfreut und dachte gleichzeitig und mit heftiger Enttäuschung: das geht zu schnell, das geht ja viel zu schnell, und fürchtete, du würdest mir wertlos. Aber tief drinnen faßte mich eine große Hoffnung auf Zuneigung und Geborgenheit, ich war fasziniert von deinem freien Fall in meine Arme, es war ja Blindflug, nach kurzer, heftiger Orientierung mit den Augen. Vielleicht ist mir für einen wahnwitzig kurzen Moment auch der Verdacht des Beutemachens durch den Sinn gegangen, du weißt ja, wie schwer es mir fiel, an Liebe zu glauben, während du eine Prophetin der Liebe bist und der Reinheit dieses Urgefühls trauen willst.

Auch damals geriet ich in eine unmäßige sexuelle Erregung und fühlte mich, fast wie im Galopp, nahe am Ziel, als dein unerschütterliches und verwirrendes Nein kam. Ich weiß nicht, ob du raffiniert warst oder einfach angstvoll unerfahren.

Ein paar Tage später sagtest du nicht mehr nein, als ich schon fast entmutigt war. Aber dein Körper war verbarrikadiert und ich selbst so weit entfernt, dir Geborgenheit und Schutz zu vermitteln. Mir selbst kam mein Penis vor wie ein fremdartiges und gefährliches Instrument, als ich mühsam eindrang und in der Hoffnung auf allmählich freundlicher werdende Aufnahme im überraschten und verschreckten Schoß zu stochern begann. Als ich so lag und es nicht weiterging und das Instrument sich seiner Zudringlichkeit und Gefährlichkeit schämte und sich scheu verkriechen wollte, vermieden wir es, uns anzusehen. Aber sicher werden viele Kinder so gezeugt, daran mußte ich seltsamerweise denken, in der Scham der künftigen Eltern voreinander. Aus Trotz, nachdem ich ein paarmal auf- und wieder abgestiegen war, habe ich es zu Ende gebracht, und irgendwie haben sich Feindschaft und Freundschaft dabei gleichermaßen vertieft, denn du warst wohl zutiefst dankbar, daß du nicht umgebracht worden warst. Vielleicht warst du auch froh über den Zuwachs an wenn auch zwielichtiger und schmerzhaft erkaufter Nähe, und gemeinsam durchstandene Scham verbindet. Es schien, wir hatten große

Aufgaben miteinander: du meine Trauer und emotionale Verwaisung in der Welt, und ich wollte zum Erlöser deines Körpers werden. Zuletzt war uns ganz feierlich zumute, wenngleich unsere großen Ziele gar nicht ausgesprochen wurden.
Du konntest eine so immense Zuversicht ausstrahlen. Es war, als hätte das Gift meiner Traurigkeit gar keine Wirkung auf dich. Du hast später ertragen, wenn ich fürs Wochenende in die Stadt kam, daß ich die meiste Zeit erschöpft und in mich verkrochen herumlag, weil ich während der Woche meine Niedergeschlagenheit mit zuviel Arbeit erwürgt hatte. Gut, ich fing früh an, dir das Krankenpflegerische deiner Haltung vorzuwerfen, aber ich genoß es ja auch. Damals durfte *ich* krank sein, und das Pflegen schien dir Freude zu machen.
Wir haben herrliche Momente, Stunden, ja Tage, mehr allerdings selten, zusammen verbracht. Zum Beispiel jener Nachtspaziergang durch die Altstadt, als wir versuchten, Präservative und Schaumpillen aufzutreiben, wo du todesmutig die Damentoiletten der Reihe nach abgeklappert hast und ein Markstück nach dem anderen in verrotteten Automaten verlorst. Deine Angst

vor einem Kind oder der Strafe Gottes war damals noch so groß, daß wir doppelt gesichert sein mußten. Am Ende war das Gemurkse nachher im Bett weniger wichtig als der gemeinsame Kampf um geeignete Abwehrwaffen. Wir betrachteten das Publikum in den Cafés und Kneipen wie eine Schar ahnungsloser Zecher, die von unserem Ringen um die sichere Vernichtung gefährlicher Spermien nichts merken durften. Allmählich ließ die Verbarrikadierung deines Körpers nach, doch ich fiel dennoch aus allen Wolken, als du mir nach langen Monaten gestandst, daß du nicht zu wissen glaubtest, was ein sogenannter Orgasmus sei. Du trautest dich das Wort nur auszusprechen, indem du dein Gesicht hinter einem Kissen verstecktest. In diesen Momenten offen eingestandener, mit so viel zaghaftem Charme vorgebrachter Unsicherheit habe ich dich sehr gemocht und wollte dich, mit männlichem Stolz, geduldig führen und schützen.

Lydia
Du beutest mich aus. Ich habe dich getragen, ertragen, durch die letzten Jahre hindurch, du

hast mir die Kraft ausgesogen, obwohl du doch angeblich der Stärkere warst und mir auch heute noch als ein Mann erscheinst, der von mir weg auf eine andere, größere Bühne treten könnte. Dagegen spricht, wieviel ich über deine Angst weiß, mehr, als du mir je gestanden hast. Du weißt nicht, ob du lebensfähig bist, und das hält dich bei mir. »Du brauchst mich, Lydia« ist einer deiner Standardsätze. Ich habe daran geglaubt, voll Dankbarkeit und Groll. Aber der Satz ist ein Rettungsring für dich selbst. Im Schoß deiner Familie würdest du ein kümmerliches Dasein führen. Ein Nichts wärst du ohne mich, ein Winzling in eurer bescheidenen Firma von Gernegroßen. Dein Bild wechselt in mir wie das Wetter, ich bin begeistert von deiner gelegentlichen Großmut, deinem fast diplomatenhaft sicheren Auftreten, deinem Charme unter anderen Menschen. Mir gegenüber aber kannst du schäbig sein, hinterhältig, geizig und so unaufrichtig, als sei die Halblüge, die Halbwahrheit ein Selbstzweck. Wenn du mich halb belügst und mir halb die Wahrheit sagst, fühle ich mich selbst so schäbig, in etwas Kleinliches, Unsauberes hineingezogen, in eine Schmierenkomödie, wo ich gern mit großem Auftritt einen lächerlichen

Knoten durchzuschlagen hätte. Wir sitzen auf einer abenteuerlich schwankenden Wippe: immer kann nur einer oben sein. Doch ab und zu, selten genug, merken wir erstaunt, daß sich die Schaukel auch als Karussell verwenden läßt. Dann schwingen wir mit fliegendem Haar im Kreis und spannen Girlanden von Gelächter aus, und es ist ganz gleichgültig, wer oben oder unten ist: der Wechsel gehört dann zu unserem Glück und ist herausgenommen aus unserem zähen, untergründigen Kampf. Ich weiß, ich kann dich nicht mehr so erschaffen, wie ich dich ersehne. Manchmal weiß ich sogar, daß es gut so ist. Du würdest eine Mißgeburt, ich erschrecke bei dem Wort. Dich haben andere erschaffen, und ich hasse sie gründlich dafür. Weil du so stolz bist auf sie, finde ich keinen Zugang zu deiner Familie. Ihr bildet eine Bastion, und du pendelst noch immer zwischen *unserem* unfertigen Haus in offener Landschaft, und *eurer* Familienburg, eurer lächerlichen Selbstüberschätzung als Clan, und eurer heimlichen Angst vor gemeinsamem, öffentlichem Bankrott.

Paul
Daß wir uns vorübergehend voneinander entfernt haben, hat mir gutgetan. Ich kann manchmal hoffen, daß es dir auch wohltut, wenn ich dir nicht gerade im Haß die Pein einer reuevollen Sehnsucht wünsche. Ich habe Angst, du kämst ohne mich zurecht, und ich wünsche es dir in ruhigen Stunden von Herzen. Mein gutes Bild von dir festigt sich, und obwohl du fern bist, ist es nicht mehr das Traumbild. Wenn ich unvorsichtig bin und zu überstürzt deine Nähe suche, dich überfalle inmitten deiner schwankenden Ordnung und wie ein Einbrecher deine Versuche störe, allein zu sein, rufen wir sofort wieder die Alptraumbilder wach. Du klammerst dich an mich, bist gemein, und ich falle zurück in Zustände, in denen ich dich anschreie: Wäre ich dir doch nie begegnet! Dann ist die Arbeit von Tagen und Wochen zunichte. Wir reißen uns wieder voneinander los, um uns zu retten, nicht um den Anderen in Frieden zu lassen. Wir verwirren unsere Freunde und werden einsamer.

Lydia

Im Augenblick, seit Wochen schon, bist du mir unerreichbar fern. Du meidest mich und hast es also in der Hand, mich in Panik zu stürzen. Du hältst deine Adresse verborgen, und ich bettle deine Freunde an, mir zu sagen, wo du dich aufhältst. Rächst du dich, oder ist es Angst vor mir, oder beides? Da du verschwunden bist, kann ich mein Alleinsein nicht genießen. Ich kann es nur, wenn ich selbst phantasiere, dich zu verlassen. Ich bin an dich gebunden, weil du mich zurückgestoßen hast. Du hast mir etwas geraubt. Wenn *ich* dich demütige und verlasse, kann *ich* dir etwas rauben. In Ruhe lassen können wir uns nicht. Als du dich endlich wieder meldest und ich dich erbittert abweise und du, wie so oft, anfängst zu flehen und mich mit Anrufen bestürmst, reiße ich die Telefonschnur aus der Wand. Nur so kann ich sicher sein, daß die Panik jetzt bei dir ist. Jetzt kannst du wählen zwischen Panik und Unterwerfung. Ach Paul, ich liebe mich ja selbst nicht, wenn ich dich quäle. Mir ist, als seien wir von Stacheldraht umgeben, enge Schlingen und weite Schlingen, und immer wieder gräbt er sich bei unseren heftigen Bewegungen tief in die Haut. Wenn ich ein paar eigene Schritte mache, reißt es Wunden bei dir, und natürlich denkst du, ich hätte es gewollt; und um dich zu befreien, rennst du ein Stück und merkst erst an meinem Schreien, daß du mich schon längst am Boden entlanggeschleift hast. Es macht mir jetzt nichts mehr aus, dich öffentlich bloßzustellen. Du erscheinst mir oft immer noch so stark, daß ich mich vor anderen erniedrigen muß, um auch dich zu treffen. Wenn ich mich verhalte, als sei ich verrückt geworden oder nervenkrank, dann trifft es, weil ich ein Teil von dir bin, auch dich. Du greifst dann zu deiner schlimmsten Waffe: du gehst zu Freunden und klagst: ich habe eine kranke Frau geheiratet. Niemand würde mir glauben, wenn ich das gleiche versuchte, und doch weiß ich, daß meine wütend-hilflose Schwäche uns verbindet. Du anerkennst es, wenn du mutig bist. Bist du verletzt, dann prügelst du mich mit Worten in meinen finstersten Winkel. Ich bin süchtig nach dir, und für die Pein des Wartens muß ich dich strafen. Dann strafe ich mich für das Strafen, und es endet unentwirrbar, außer es käme einer, der unser beider Hände hielte und sagte: sie sind warm, weder blutig noch verdorrt von allem, was ihr euch antut, ohne es zu wollen. Er müßte sie ruhig und lange halten und uns die Dolche entwinden, mit denen wir immer wieder Nähe suchen. Ich weiß, ich verlange Übermenschliches von dir, wenn uns keiner hilft: du müßtest hinter meinem Wüten meine verletzte Liebe spüren. Du bräuchtest eine Wundermaschine zur Entgiftung meiner Zuneigung, und ich bräuchte sie auch für dich. Ab und zu hilft mir mein unübersehbar immer stärker werdender Bauch, auf den die Anderen zu reagieren beginnen. Manche sind mir behilflich beim Ein- und Aussteigen aus der Straßenbahn. Ich werde zuvorkommender bedient in Geschäften. Das verbindet mich wieder mit dir, auch wenn du nicht bei mir bist. Der Bauch, den du mir gemacht hast, ist nicht nur ein Unglück, das unsere Verwirrung verewigt. Er wird allmählich eine Verheißung. Ich lasse ihn mit vorsichtiger Freude zu mir gehören und atme auf, wenn ich nicht mehr wütend denken muß: auch dies hast du mir angetan. Der Tag der Geburt rückt heran. Da wir getrennt sind, verwandle ich mich in eine werdende Tiermutter, die nur andere weibliche Tiere um sich herum ertragen kann. Ich wußte nicht, daß es Zuneigung gibt unter Frauen. Als du auftauchtest in meinem Leben, war der lockere Kreis meiner Freundinnen rasch zersprengt. Ich nehme alles Verächtliche gegen sie erstaunt zurück und lerne, um Hilfe zu bitten, kann nicht fassen, daß sie mich deswegen nicht verachten. Mein Stolz schmilzt dahin. Wir sind um das Kind herum verbündet.

Paul
Ich lasse dich allein gebären, beschämt, einsam, verletzt, und glaube doch, daß es so sein muß. Ich verliere jeden Einfluß auf dich und fühle mich dir doch verbunden. Du bist nicht mein Geschöpf. Ich bin unter Männern. Es ist schön, beruhigend und ein wenig lächerlich. Ich lese ethnologische Bücher. In manchen Stämmen trennen sich Mann und Frau, oder Männer und Frauen, noch viel länger, wenn es um Geburt und Stillen geht. Keiner dächte daran, daß er den Anderen ganz verstehen muß. Der Medizinmann regelt Nähe und Ferne, sogar deren Inhalte. Ich wünsche mir einen Medizinmann, jetzt, wo ich wieder ein Wilder geworden bin, der im Männerhaus lebt. Ich mache viel Rauch mit der Pfeife und versuche, den Nebel im Kopf zu

vertreiben. Ich esse unregelmäßig, und manche Mahlzeiten bestehen nur aus Bier oder Whisky. Vor deinen Fotografien halte ich glückliche Hausandachten und einige Schwarze Messen. Ein anderer knipst das erste Bild von meinem, unserem Sohn und schickt es mir. Hinten drauf steht in wackeliger Schrift, ich nehme an, auf der Bettdecke geschrieben: Für dich, von Lydia. Du Sphinx, was meinst du damit: das Bild oder den Sohn? Viel Stoff zum Nachdenken, Anlaß für Wutausbrüche und tränenselige Dankbarkeit. Wer hat nur diesen ganzen Gefühlswust in mich hineingestopft? Ich bräuchte Urlaub von mir selbst, wenigstens ein paar Tage.

Lydia
Wenn ich so ermattet daliege und die Schwestern, was mich empört, den Kleinen nach dem Stillen abtransportiert haben, dämmere ich zurück zu unseren Anfängen. Du warst der erste Mann, vor dem ich meine Trauer hinter der schönen Maske nicht zu verbergen suchte, oder vor dem ich mich in Grund und Boden schämte, wenn alle Heiterkeit plötzlich verschwand und die große Erstarrung eintrat. Du hast es ertragen,

wenn ich tagelang keinen Anteil an der Welt zu haben schien, wenn ich herumlag, klagte und kaum auf dich eingehen konnte. Ich fühlte mich aufgehoben und hegte doch Schuldgefühle, weil mir zuviel schien, was du auszuhalten hattest. Ich habe mich gehenlassen, ohne daß du in deiner Pflegerrolle schwankend geworden wärst, und doch habe ich vielleicht im stillen gehofft, du hättest genug männliche Ansprüche, um mich mit sicherem Protest allmählich aus der Versunkenheit herauszudrängen. Da ich halb Kind war für dich und halb Frau, nach den ersten Wochen eines ungeahnten Kräftezuwachses durch dich und für dich, hatte ich zuviel Spielraum im Kranksein, es kam mir so entgegen, mich endlich pflegen zu lassen. Ich glaube – ich sage es beschämt: ich war raffiniert im aufleuchtenden Genesen und in den wohldosierten Rückfällen, die dich immer von neuem anspornten. Hilft es, wenn ich dich um Verzeihung bitte, wenigstens hier, im stillen, ganz für mich? Die guten Gefühle für dich muß ich jetzt erst einmal für mich alleine haben, sie sind allzu störbar, wenn du auftauchst. Fürchte nicht, daß ich dich verlasse. Ich brauche Ruhe nach dem unablässigen Sturm, wir konnten ohne Sturm ja nicht mehr leben. Ich bin dir jetzt näher, wenn du *nicht* da bist. Dann schlägt mich nichts in die Flucht, und ich kann dich ruhig betrachten. Du weißt ja nicht, daß dein Geruch in meiner Jacke lebt und daß ich eine Freundin bat, mir dein erstes Geschenk in die Klinik mitzubringen.

Paul
Ich habe meine Gedichte aus der Zeit unserer ersten Begegnung wiedergefunden. Du hast sie nie gelesen. Mein Urteil war zu hart über sie. Sie sind eindeutig Kitsch, mit Ausnahme weniger Zeilen. Ich habe einfach in den Farbtöpfen der Sprache herumgeplantscht und auch noch das Grellste faustdick aufgetragen. Kitschig und pastos. Aber allein, bei Whisky und Eiern, schmeckt mir der Kitsch. Du bekommst ihn zur Silberhochzeit, denke ich, und bin gerührt über uns.

Lydia
Das Klinikessen ist lieblos und langweilig. Ich kriege Krach mit der Oberin in Ordenstracht, weil ihre Schwestern im Häubchen soviel wieder

abräumen müssen. Wenn sie draußen sind, esse ich Schokolade und lese einen deiner frühen Briefe und erröte manchmal, in diesem frommen Haus.

Paul
Du warst so herrlich erfinderisch in kleinen Spielen, die uns in eine bis dahin unbekannte Nähe geführt haben. Was deine Finger alles mit meinen Fingern anstellen konnten, dein Auge mit meinem Auge, deine Wimpern mit meiner Wange, dein Mund mit meinen Ohren. Dein schönstes Spiel war Trennen und Wiederfinden, in unendlichen Variationen, auf Spaziergängen, wo die Breite des Weges uns so viele Möglichkeiten bot, alles, von enger Umschlingung bis zu trotziger Entfernung zu den äußersten Rändern, zu erproben. Du konntest, wenn ich in den Fahrstuhl trat, schnell in den anderen daneben springen, dann hörten wir uns nebeneinander durch den engen Schacht poltern, und oben oder unten trafen wir uns wieder. Du hast immer ein kleines Fest daraus gemacht.

Lydia
Anfangs wolltest du nie Wein trinken, es sei denn, in großen Schlucken aus meinem Mund.

Paul

Du hast mir Leckerbissen gekauft, deren Preis dich eigentlich entsetzte.

Lydia
Du konntest stundenlang wählen, um ein Kleidungsstück für mich zu suchen.

Paul
Du hast meine Verwahrlosung gespürt und Ordnung in meinen Haushalt zu bringen versucht. Du warst so freigebig mit deiner Zuneigung, und ich war geizig. Aber du hast gesagt: ich nehme mir halt, was ich brauche, und hast mich geküßt, selbst wenn ich manchmal den Mund verzog.

Lydia
Ich lerne sprechen mit dir, auch wenn du nicht da bist. Nicht jedes Entferntsein läßt das Band zerreißen. Ich habe bei deinen Besuchen erprobt, ob ich dich Zeitung lesen lassen kann, ohne mich verraten zu fühlen. Wenn du mir deine ganze Aufmerksamkeit zuwendest, wie ich es immer wieder gefordert habe, bricht wieder der Sturm aus zwischen uns. Mühsam habe ich gelernt, daß du nicht völlig abwesend bist, wenn du liest. Du wirst sogar unruhig, wenn ich aus dem Zimmer gehe. Einige Male hast du mir, als du fertig warst, über einige Artikel berichtet. Du bist ganz sicher darin, was mich interessiert und was nicht. Du hattest mich gar nicht ausgeschieden aus deinem Inneren beim Lesen. Du warst sogar im Gespräch mit mir, hast manches mit meinen Augen gelesen. Zuerst glaubte ich, du lügst. Als ich dir dann glauben konnte, hast du mir sogar manches vorgelesen. Du hast mir, uns, ein paar Tage ruhiger, vertrauter Nähe geschenkt, als du mir einen Roman vorgelesen hast, zuerst scheu, ein wenig monoton, und immer bereit, wie mir schien, verletzt abzubrechen. Ich verhielt mich ganz ruhig, versuchte, dich nicht zu stören. Ich

wußte, du wolltest mir ein Geschenk machen, das uns verbindet. Ich saß atemlos und zitterte, ob die Brücke wohl trage. Ich mußte dich bitten, die ersten Seiten noch einmal zu lesen, weil ich vor zärtlicher Aufregung und Angst nicht auf den Inhalt hören konnte, nur auf deine Stimme, auf die Schwankungen, die unmerklich kühner werdenden Betonungen, in denen dein Verstehen und Gestalten des Textes langsam durchleuchtete. Eine scheue Kraft kam zum Vorschein. Du bist zurückgetreten hinter die Sätze, warst ihnen dienstbar und wurdest dennoch nicht klein. Sie lebten durch deine Wärme, und ich konnte dich endlich wieder um mich werben lassen, ohne Mißtrauen. Ich war nicht bedrängt. Der Text bildete einen wohltätigen, durchsichtigen und doch inhaltsreichen Zwischenraum, durch den ich dich hören und ab und zu fragend herüberblicken sah, und aus dem Fragen wurde ganz langsam ein ruhiges, deiner selbst sicheres Schauen. Dein wiedergewonnenes Vertrauen zu mir, das sich im Lesen festigte, wurde auch unter meinen Füßen zu sicher betretbarem Boden. Als du weggingst, abends, mußte ich dir keine Szene machen, dich nicht anklagen. Ich fiel nicht auseinander. Im Bett habe ich die Kapitel noch einmal gelesen, deine Stimme geisterte um mich herum.

Paul
Ein kundiger Freund hilft uns manchmal, bekömmlichen Abstand zu halten. Er vertraut unserer Zuneigung. In dunkleren Zeiten liegt sie sogar ganz in seiner Hand. Er bewahrt unser Gutes vorübergehend auf, damit wir es nicht, den alten Mustern folgend, zerschlagen. Seine hohe Kunst ist, uns beiden zu vertrauen und den Verdacht, ein jeder von uns wolle Sieger oder Überlebender über den anderen sein, in sich zu versenken. Wir müssen nicht mehr so schlecht von uns denken. Unser großer Traum verwandelt sich, sehr sehr langsam, in ein Märchen, das wir uns staunend oder erschrocken in immer neuen Varianten erzählen. Es beginnt meist mit dem uralten »Es war einmal«, wenn wir auf fester werdendem Boden stehen. Mich erfaßt Panik, wenn es wieder plötzlich Gegenwart zu werden droht.
Ich lese dir vor und versuche, dich mit Worten zu berühren. Der Inhalt der Sätze bleibt mir zuerst dunkel, weil meine ganze Aufmerksam-

keit auf den *einen* Punkt gerichtet ist: ob du zurückzuckst. Die Zeilen verbiegen sich, zuerst weil ich fürchte, dich nicht zu erreichen, später, weil sich Tränen vor die Worte schieben. Du schaust versunken und zugewandt. Ich will das stille Weinen verbergen, damit du so versunken und ruhig auf deinem Platz bleibst. Es ist genügend Raum zwischen uns, so daß wir uns nicht unvermittelt und voreilig berühren können. Meine feuchten Augen könnten dich von deinem Platz zerren. Das will ich um keinen Preis. Darum erdichte ich, wenn mir vorübergehend alles verschwimmt, ein paar eigene Sätze und finde dann, etwas stockend, in die Grammatik des gedruckten Textes zurück. Jede geglückte Landung aus dem Nebel heraus macht mich heiterer. Ich belebe geradezu keck einige der Figuren und spiele mit den wechselnden Tonarten ihres kunstvoll verschlungenen Dialogs. Ich fühle mich wie ein Schauspielschüler beim Vorsprechen, aber nicht in der Prüfung, sondern wahrhaftig balzend. Ich hoffe, du merkst es und merkst es nicht. Es soll dich überrieseln und auffinden, ohne an dir zu rütteln. Der Text macht mich frech und friedlich.
Wir trennen uns unzerfleischt.

Lydia
Wenn ich mit dem Kind im Wagen durch die Straßen fahre, schauen ab und zu andere Frauen hinein oder Kinder, schäkern mit dem Kleinen, fragen mich nach der Zahl seiner Wochen oder Monate. Das alles ist zunächst befremdlich, das Geschäkere ist grotesk, die Fragen nach dem Alter lächerlich, ich finde sogar ridikül und staune über die Wucht meiner Verächtlichkeit. Ich glaube nicht, daß jemand aus diesem zufällig des Weges kommenden Volk sich verstehend auf die Höhe meines Mutterglücks erheben könnte. Ich finde sie alle anmaßend und plump, bis ich mir entsetzt zuschaue in einer Schaufensterscheibe, wie ich leicht angewidert und arrogant und dennoch scheu und verlegen lächelnd dastehe und empört bin, daß Allerweltswesen *meinem* Sohn huldigen. Dieses Mich-selbst-Ertappen: wie ich dastehe, mit einem Bein in der Welt der alltäglichen Freuden und Widrigkeiten, mit dem anderen Bein auf einer inneren Bühne, wo ich mit dem Umherschieben überdimensionaler Bühnenbilder beschäftigt bin, hat etwas von einer beschämenden Erleuchtung. Ich bin keine verfolgte Prinzessin, sondern eine Frau mit Kind, vielleicht unter schwierigen ehelichen

Umständen lebend, die von anderen Menschen aber durchaus als ihresgleichen angesehen werden könnte. Es ist eine Offenbarung, eigentlich zum Freuen, und doch mit einem bitteren Geschmack von Niederlage. Jedenfalls bin ich es, ICH, die in einer Schaufensterscheibe entdeckt, wie ich umringt bin von einigen zufällig des Weges Gekommenen und wie ich unbeholfene Gesten mache, kichere, einen gar nicht mehr einsamen Stolz zulasse, vor Scham erröte, weil ich mir weit einfältiger und alberner vorkomme als dieses arglos neugierige Volk. Wenn auch du jetzt noch des Wegs kämst, Paul, einmeterzweiundachtzig groß, ein wenig schmalbrüstig, nicht zum Helden geboren, doch liebenswürdig, nicht ganz so extraordinär, wie ich manchmal meinen Vater erlebte, wenn er auf Reisen ging, würde ich am Ende überschnappen vor Freude. Und um dies nicht zu tun, esse ich auf dem Platz vulgär aus der Hand eine Bratwurst und tunke Pommes frites in Mayonnaise aus dem Eimer.

Nichts überstürzen, Paul. Ich möchte zu dir rennen und dir das Neue erklären, aber dann müßten wir ja auch über Geld reden, und dann würde der aufgestaute Groll uns zuschütten. Ich lebe mit dir in Gedanken, bin auch stundenlang mit meinem Haß auf dich beschäftigt, zerre dich vor alle möglichen Tribunale, begehe einige nicht unbeträchtliche, reale Schäbigkeiten, die dich erbittern müssen, beschäftige probeweise einen Anwalt mit unserer Geschichte, veranlasse ihn sogar, obwohl ich das Übereilte an der Geschichte wohl bemerke, dir einen leicht drohenden Brief zu schreiben; weide mich an deiner vermuteten Panik und begebe mich danach natürlich, wie andere in die Sauna, in mein privates Fegefeuer und möchte dreimal täglich nicht mehr leben. Das Geschäft, mich auf vernichtende Weise zu entwerten, muß ich jetzt, da du es nicht tust, selbst besorgen. Ab und zu erleichtere ich mich durch einen unflätigen Brief an dich oder durch eine nicht eben vornehme Abbuchung von unserem gemeinsamen Konto und fühle mich sogar berechtigt dazu, weil du die Symbiose mit meinem Geld vorübergehend auch ganz schön ausgenutzt hast. Ich fühle mich so normal schäbig, wertlos, trotzig, verlassen, stolz und unendlich anfängerhaft, wie ich es von Frauen in vergleichbarer Lage höre oder lese. Das läßt mich, obwohl du im Zentrum meines Unglücks stehst, manchmal ganz solidarisch mit dir fühlen: unser Zirkus scheint ein echter Wanderzirkus, der mal hier, mal da, in Familien, von denen man es gar nicht gedacht hätte, sein Spektakel entfaltet und zu gaffendem Eintritt lockt. Wenn unsere hochgehaltene Fassade bröckelt, gerate ich jetzt nicht mehr sofort in Panik. Mit der Fassadenpflege haben wir ziemlich viel Kraft verbraucht. Aber ich laufe nicht mehr herum und suche Mithasser.

Paul
Wenn du mir unregelmäßig, unvorhersehbar und ohne mir verbindlich zu sagen, wann du ihn wieder abholst oder uns erwartest, den Sohn bringst, schwanke ich zwischen der Freude, langsam Vater zu werden, und der Wut über deine Rücksichtslosigkeit. Du weißt sehr wohl, daß er mich aus der gewohnten Bahn meiner Arbeit wirft. Ich stagniere im Beruf. Ich liebe den Kleinen. Du verfügst mit ihm über ein Geschenk, das du nach Belieben verwandeln kannst in Daumenschrauben. Schamlos nimmst du dir die Freiheit, dich nicht blicken zu lassen. Ich muß Termine absagen, kann verabredete Aufträge nicht einhalten, muß erhebliche Einbu-

ßen in Kauf nehmen. Im beruflichen Kreis gelte ich nicht mehr für verläßlich, ja vielleicht für nicht ganz zurechnungsfähig. Wäre ich ehrgeizig, so könntest du mich krank machen. Wenn ich anfange, juristisch zu denken, dann sammle ich Punkte, um dir eines Tages das Sorgerecht absprechen lassen zu können. Ich könnte ihn eines Tages einfach behalten und so vieles gegen dich sprechen lassen. Es müßten nicht einmal grobe Lügen sein. Ich werde leicht für einen Ehrenmann gehalten. Meine Erstarrung und Kälte gelten vielerorts für Disziplin und Seriosität. Aber ich hoffe, daß ich aus meinen Charakterlücken, aus meinem Mangel an stürmischem Gefühl, nicht eines Tages Kapital schlagen muß. Noch immer sind wir beide fähig, den Anderen entscheidend zu schwächen, ja, seinen Charakter zu verderben. Ich kann sehr gut mit dem Bösen in dir paktieren, und du hast mein Böses besser im Griff als meine guten Seiten. Noch immer brauche ich als letzten Halt, als zynischen Trost, die Gewißheit, dich auch wieder vernichten zu können. Ich weiß zu gut: du möchtest eine gute Mutter sein, doch unsere Verschlingung kann so bösartig werden, daß du dem Kind eine schlechte Mutter wirst, um mich zu treffen.

Schon mit ein paar Monaten trägt der Kleine unsere Verstörtheit hin und her. Wir quälen uns im Wettstreit, wer ihn besser trösten kann, wen er strahlender anlächelt. Der Hohn kann in meinen Augenwinkeln sitzen und dich lähmen, bevor ich dessen überhaupt gewahr werde. Es ist unheimlich, wie seismographisch empfindlich du auf Schwankungen in meinen mir selbst noch ganz unscharfen Phantasien reagierst. Und mich erschüttern deine Reaktionen auf meine Schwankungen und verschärfen meine Phantasien ins wirklich Gefährliche. Vorübergehend kann ich sie kaum noch von Absicht und Planung unterscheiden.

Lydia
Du hast die Drohung noch nie ausgesprochen, aber ich weiß, daß du mit ihr umgehst: du verschwindest entweder eines Tages mit dem Kind, oder du reichst die Scheidung ein, verbunden mit deinem kalten, logischen und begründbaren Anspruch, das Kind zugesprochen zu erhalten. Du hast mich in der Hand damit. Ich weiß nicht mehr, *wen* ich verlieren könnte, ohne zu zerbrechen. Aber euch beide zu verlieren,

verbunden mit einem Urteil, daß ich keine gute Mutter sei oder gar zu werden verspräche, das wäre entsetzlich. Es ist der absolute Alptraum. Da mein Leben zerstört wäre, spräche auch nichts mehr dagegen, dich umzubringen. Wahrscheinlich aber würde ich auf eine mir noch unklare Weise selbst aufhören zu leben. Ich stelle es mir nicht als Selbstmord vor, sondern eher als ein Mich-sterben-Lassen. Ich bin erschöpft. Ich kann nicht zurück zu meiner Familie. Noch immer liegt meine Lebensfähigkeit in deiner Hand. Es gibt täglich kleine Fortschritte im Alleinleben, und schlimme Rückfälle. Oft schrecke ich auf im Schlaf. Zweimal habe ich dich in der Stadt gesehen. In einem früheren Leben müssen wir miteinander zu tun gehabt haben. Du hast mich nicht gesehen, ich bin in einen Hauseingang getreten. Du gingst durch die Menschen wie ein verträumter, aber unabhängiger Mann. Trotzdem hast du abends mit verweinter Stimme angerufen. Es hat mich gefreut und gegraust, und mit letzter Kraft habe ich abgelehnt, dich zu treffen. Ich wäre zu wehrlos gewesen. Einer von uns beiden hätte den anderen trösten müssen. Ich hoffe, daß wir davon loskommen, einander zu trösten oder zu berauschen. Es ist alles offen. Wir haben unsere Konten endlich getrennt und verringern auch die anderen Vorwände, uns nötig zu haben, zu bedrohen, anzuflehen. Es ist wie ein Stillstand der Welt, und die Tage tappen im Kreis. Endlich lerne ich, den Haushalt allein in Ordnung zu halten. Selbst mit Handwerkern kann ich verhandeln. Vergessene, an dich abgetretene Fähigkeiten tauchen langsam wieder auf. Soweit ich ein Stück Natur bin, ist es winterlich zur Ruhe gekommen.

Paul
Die guten, ja die wunderbaren Zeiten mit dir sind jetzt oft so weit weg wie ein schöner Traum an einem befremdlich nüchternen Morgen, in den ich ungern hineingehe. Der Wechsel zwischen Traum und aufschreckender Ernüchterung ist jetzt noch viel krasser, wenn wir in guter Absicht und Planung, und weil wir ja noch immer eine Familie sind, ein Fest, zum Beispiel Weihnachten, zusammen begehen. All das Schlimme aber, das wir uns zugefügt haben, hat die dichtere Wirklichkeit eines Alptraums, der bruchlos übergeht in den nüchtern-entsetzli-

chen Alltag. Das Schlimme, dessen wir uns nicht enthalten konnten, hat sich tiefer eingegraben als das Gute. Zu dem Schlimmen gehört die Zersetzung des Spontanen und aller guten Motive. Wenn ich dir heute sage: »Ich liebe dich und bin mir dessen ganz sicher«, so kannst du mit der gleichen Sicherheit und den noch unmittelbar fühlbaren Schmerzen fragen: »Aber warum hast du mich dann erst neulich wieder für verrückt und unsere Verbindung für ein absurdes Mißverständnis erklärt?« Ich verstehe, daß du das nicht mehr zusammenbringst, obwohl ich wünschte, es gelänge dir. Mein Schmerz braucht ein Ventil. Ich schlage dich mit Worten und hoffe, daß er nachläßt wie der einer mittleren Ohrfeige. Ich habe die absurde und wirklich kindische Hoffnung, du würdest meine in der Tat entwürdigenden Gemeinheiten so ansehen, als hielte ich dich dennoch im Arm und diese Umarmung würde gar nicht gelöst durch meinen verzweifelten Ausbruch. Aber es geht mir ja ähnlich: wenn du mir, mit ebenso ruhiger Kraft, beteuerst, daß du mich immer noch liebst, dann löst dies Bekenntnis eine Flut von Bildern aus, die diese deine Behauptung als unfaßlich, irrsinnig, widersprüchlich, ja höhnisch erscheinen lassen. Schöne Worte, auch wenn wir sie ganz ernst meinen und mit ihnen wieder gemeinsamen Boden suchen, helfen uns gar nichts. Wir haben ihre Tragfähigkeit, ihre Aussagekraft, ja ihre normale Wirksamkeit, die sie zwischen anderen Menschen nicht nur als Worte, sondern als Handlungen, als liebevolle und böse, entfalten können, aufgebraucht, verschlissen, vergeudet. Ich meine es durchaus ernst, wenn ich dir sage: Ich liebe dich, und möchte dir einen Pakt für das Überstehen unserer finsteren Jahre anbieten, und mitten im Satz spüre ich, daß ich mit Falschgeld bezahle. Da Worte nichts mehr taugen und immer kürzere Beine bekommen, müßte ich dir also, was ich fühle, beweisen, aber da viele Gesten, wie auch die Worte, verbraucht sind, habe ich überhaupt keine Sprache mehr, die dich erreicht, und es läuft alles auf den langsamen Erwerb einer gänzlich neuen Haltung hinaus. Was daran mitteilenswert oder überhaupt mitteilbar ist nach unseren Wortfluten, sind zwei, drei kleine, ruhige Sätze, frei von Grammatik und Differenzierung einleitenden Konjunktionen wie: weil, obwohl, so daß ... Wiederaufbau mit neuen, bisher unbekannten Baumaterialien. Wenn zwei Menschen sich neu kennenlernen, tun sie es ohne solche Hypotheken. Wir stehen auf Trümmern. Du erscheinst mir in einer unbegreiflichen Fremdheit, immer noch überaus anziehend, eine undeutliche Gestalt, zusammengesetzt aus meinen Wünschen, Befürchtungen und einigen Zügen, die ich wie zum ersten Mal als wirklich die deinen erkenne. Ich weiß nicht, ob ich dir als Mann je gefallen kann, ob du, wenn der verbindende Traum und die Gewalt des Stacheldrahtes uns nicht mehr zusammenhalten, wenn du ein freier Mensch geworden bist, noch etwas mit mir zu tun haben möchtest. Ob hinter einem mühsamen und immer wieder notwendigen Verzeihen etwas Neues auftaucht. Ich vermag zu erkennen, daß du ein liebenswerter Mensch bist, daß ein anderer Mann ganz andere Dinge an dir zu sehen, hervorzulocken, zum Blühen zu bringen vermag. Du kannst all das, was ich nicht gesehen oder gar mißachtet und zertrampelt habe, einem Anderen zuwenden, falls ich dich nicht so verletzt habe, daß du eine lange, zurückgezogene Zeit des Aufatmens brauchst. Oft kann ich es nur in die Worte kleiden: »Gib mir, gib uns noch eine Chance.« Es hat etwas Absurdes, klingt wie die erbarmungswürdige Platte eines Süchtigen zwischen dem siebenunddreißigsten und dem achtunddreißigsten Rückfall. Und ich kenne dein erschreckendstes Argument: »Wieso sollte sich denn etwas ändern in uns? Ich bin zu müde für Veränderungen dieses Ausmaßes. Ich will nicht mehr arbeiten. Ich will endlich Ruhe vor diesen Stürmen.« Und wenn ich dann ins Flehen komme und von meinen allmählichen Veränderungen, deren ich mich ganz sicher fühle, spreche, so ist es dir nur ein neuer Beweis, daß ich einer bin, der dich entsetzlich bedrängt und in Unruhe versetzt. Ich kann dich also nur in Ruhe lassen, wohl wissend, daß du dich dann trotzdem verlassen und verraten fühlst.

Lydia
Kannst du mich denn lieben, wenn ich nicht mehr dein Geschöpf bin und du dich tröstend und ordnend und auch ein wenig verlogen über meine Verstimmungen beugst? Du bringst mich in einen fürchterlichen Zwiespalt: ich will wachsen und meinen eigenen Weg finden, aber dies steht weit außerhalb unserer ursprünglichen Absprache. Du schrumpfst und ich wachse! Hältst du das aus? Ich weiß, daß ich alles, was ich

neu hinzulerne, erst einmal wie eine Waffe gebrauche. Ich ängstige dich mit meiner Selbständigkeit und genieße dein Erschrecken. Und doch hoffe ich, auch du spürst, daß ich die Kraft der Umarmung nicht lockern möchte, während ich dich demütige. Ich rechne also bereits mit neuen Fähigkeiten in dir, überfordere dich und möchte doch, daß du standhältst. Obwohl wir beide allmählich beginnen, wieder armselige Tröpfe zu sein, die ihre gewaltigen inneren Verunstaltungen mit Traumzeug flicken, brauchen wir einen Dritten, der dem Neuen in uns traut. Unsere Zerstörungskräfte reichen spielend aus, um auch ihn in die Wüste lächerlichster Inkompetenz zu schicken. Es braucht unseren gemeinsamen Willen, seine Unsicherheiten nicht für einen bitteren Abbruch zu verwenden. Ich verschleiße immer wieder Freundschaften, weil ich jenseits der Erbarmungslosigkeit wechselnder Bündnisse noch immer keinem Menschen vertrauen kann. Es hat nie einen Polarstern für mich gegeben. Die Sternbilder, an denen sich andere orientieren, befanden sich für mich immer in verstörender Bewegung. Ich kenne kein festes Firmament. Selbst Gott, mit dem ich viel gerungen habe, ist in diesem brodelnden

Weltall nur herumgetorkelt, bis ich ihn hinter der Milchstraße verschwinden ließ. Und dann kamst du kometenhafter Irrläufer mit deinem verdrehten, rettenden und verstörenden Magnetfeld, selber haltlos und doch Halt versprechend, und das große Schlingern nahm seinen Anfang.

Paul
Wenn du gehst nach einem deiner Besuche, überkommt mich jetzt öfter eine ruhige Mattigkeit, die ich anfangs, weil sie mir als ein Meer von Resignation erschien, zu meiden suchte. Dann lieber noch Kampf und Spannung als diese lähmende Resignation. Inzwischen aber überlasse ich mich bereitwillig der trägen Regungslosigkeit und fürchte nicht mehr, sie werde mich verschlingen. Dein Bild von der winterlichen Ruhe hat mich lange beschäftigt. Obwohl du es traurig aussprachst, schien es mir doch ein Zeichen möglicher Hoffnung. Unser Sohn, der jetzt läuft, versucht, viele meiner Gesten und Handlungen nachzumachen. Als ich es zum ersten Mal bemerkte, freute ich mich zunächst, dann wurde mir ein wenig übel, weil ich mich

nicht unbedingt als nachahmenswert empfand, so daß ich es ihm am liebsten verboten hätte. Er ist aber glücklich, wenn er meint, eine Imitation sei ihm gelungen, oder er braucht sich dessen gar nicht bewußt zu sein, er ahmt mich glücklich nach, ohne es zu merken. Wenn du da bist, beobachte ich das seltener. Er brächte uns wohl beide in Verlegenheit, wenn er einmal so strahlend wie neulich mit mir allein meine Pfeife nähme und sie mit Katzenstreu zu stopfen versuchte. Ich weiß nicht, ob wir uns dabei in die Augen sehen könnten, ob Haß ausbräche oder ein vorsichtiges Lächeln. Er will uns zusammenzwingen, doch noch tut er es diskret, als wüßte er mit seinen nicht ganz zwei Jahren schon, daß er uns nicht überfordern darf. Woher ahnt er, daß er in deiner Nähe weniger Begeisterung zeigen darf über eine gelungene Nähe zu mir? Ich weiß, daß du manchmal vom »bösen« Papa sprichst. Und ich erinnere mich mit Schaudern an die Anlässe, die mich dazu brachten, dich vor seinen Augen zu schlagen. Einige Male sind wir beide, Anlaß hin, Anlaß her, in wüstes Geschrei und Beschimpfungen ausgebrochen, bis uns die Panik in seinem Gesicht zur Besinnung brachte. Er kann mich in böse Resignation stürzen, wenn er, kaum eine Stunde nach der strahlenden Begrüßung, so lange nach dir weint, daß ich ihn, wider alle Verabredung und quer zu deinem Tagesplan, zurückbringen muß. Aber nicht immer ist es das Gefühl von Resignation und Wertlosigkeit. Ich fange an, jener ruhigen Ermattung zu trauen und stecke einfach manche Ziele etwas weiter zurück.

Lydia
Das Gebirge des Grolls, aus dem immer noch mich und meine Verbindung zu dir verschüttende Steinschläge niedergehen, flacht sich ab. Ich treffe dich in der Stadt und fliehe nicht mehr in den nächstliegenden Ladeneingang. Wenn ich meine Aufregung niedergekämpft habe, gehe ich auf dich zu, und wir trinken Kaffee zusammen. Ich gieße dir ein und weiß noch, wieviel Zucker und Milch du nimmst. Ich würde es dir noch nicht gestehen, aber meine Spaziergänge überlasse ich, was Zeit und Ziel betrifft, nicht völlig dem Zufall. Es wäre übertrieben zu sagen, daß ich dich suchte, und trotzdem hoffe ich, dich ab und zu wie zufällig zu treffen. Für die gelegentliche Erfüllung dieser Hoffnung erinnere ich

mich an Einzelheiten deines Tageslaufes, an Gewohnheiten, die mich zur Raserei bringen konnten, früher, wenn regelmäßige Gänge dich zu Treffpunkten mit Freunden führten, die mir widerwärtig waren, feindlichen Scharen gleich, von denen ich mich variantenreich gemieden oder verraten fühlte. Ich gönne sie dir. Ich habe inzwischen auch unerwartete und überraschende Bekanntschaften geschlossen. Wer uns so sitzen sieht, bald plaudernd, bald in Lektüre vertieft, bald mit der Bändigung des strahlend oder quengelnd zwischen uns pendelnden Sohnes beschäftigt, dem fällt nichts Verdächtiges auf. Ab und zu wähle ich mit Bedacht ein Café, das eine Spiegelwand besitzt. Dort schaue ich uns heimlich oder auch ganz offen zu und weiß, du siehst uns auch. Der Kleine wird jetzt drängender und raffinierter in seinen Versuchen, uns wieder zu verflechten. Dankbar überlasse ich ihm die Initiative, weil ich auf Mißverständnisse und Zurückweisungen, aber auch auf Übereilung, zu der du manchmal neigst, empfindlich reagiere. Ich prüfe dich und mich und verbuche jede geglückte halbe Stunde als wohltuenden Erfolg. Seit ein paar Monaten kann ich wirklich ohne Grauen allein sein. He, Paul, ich sehe wohl das Zucken deiner Hand nach der Zeitung, wenn wir schweigen, oder wenn ein Moment der Beklemmung droht. Lies nur, ich habe meine Bücher und die Handarbeit. Die bohrenden Fragen des Kleinen, warum wir nicht im selben Haus wohnen, rufen nicht mehr das verquälte Suchen nach Antwort mit den mühsam verdeckten, untergründigen Vorwürfen hervor. Ich lasse deine Zuneigung für ihn in mich eindringen. Manche deiner Gebärden sind hinreißend einfühlsam, manche tollpatschig. Es gelingt ihm immer wieder, uns alle drei in ein unsäglich wohltuendes Gelächter einzuspinnen. Er macht uns verlegen in seiner frecher werdenden Art, uns beide gleichzeitig zu lieben. Ich fühle mich spröde in meiner Zurückhaltung und dränge, wenn mir alles zu nahe geht, zum Aufbruch. Die Trennungen sind bald herzlich, bald mühsam. Du fragst aus wohltuendem Abstand und doch mit Wärme, was ich treibe. Einmal denke ich unwillkürlich: so müssen sich früher im Idealfall Verlobungen angebahnt haben, und ich geniere mich wegen der Eindeutigkeit meiner vorauseilenden Phantasie. Ich wähle einen abrupten arroganten Abgang und entschuldige mich still schon an der nächsten

Ecke für dein erschrockenes Gesicht. Ich könnte dich immer noch quälen, doch daß ich mich inzwischen für deine schändlichen Seitensprünge damals, als es mir am elendsten ging, gerächt habe, dieses Geheimnis, das mich bald trägt, bald beschämt und das ich mir, wenn ich gegen dich wüte, zu einem großen und genußreichen Triumph ausmale, ich behalte es für mich und staune, daß es keinen von uns umbringt. Ich dachte, die bloße Tatsache müßte dich vernichten. Aber ich weiß: nur die Umstände, in denen ich es dir mitteilen würde, die Stimme, die Absicht, dich höhnend zu treffen, würden dir weh tun. Also liegt alles in meiner Hand, und da ich zur Zeit keinen Grund spüre, dich um den Schlaf zu bringen, behalte ich es für mich, in einem ruhigen, nur mir gehörenden Innenraum. Es wäre entsetzlich, wenn du mich mit dem gleichen verzweifelten Ingrimm, wie ich dich damals, leidenssüchtig und schonungslos, nach den Details des Abenteuers fragen würdest. Es gehört mir, ist längst nicht mehr auf dich bezogen, obwohl es aus glühender Rache begonnen und vollendet wurde. Ich wünschte damals, du wärest angekettet zum Zuschauen gezwungen.

Paul
Wenn ich dich treffe, oder wenn du mich triffst, oder wenn wir uns treffen, weiß ich: jeder von uns hat eine gescheiterte Ehe hinter sich. Wir müssen also mit Verletzungen rechnen, Verstörungen, mit Erbitterung, Trauer, unvorhersehbaren Bedürfnissen nach Distanz, Fürsichsein. Ich kann dir nicht allzuviel helfen bei deinem Umgang mit den Jahren mißglückten, verzweifelten Lebens, bei deinem Versuch, aberwitzige Hoffnungen zu begraben und unberechenbare Wunden zu kühlen. Seit ich mir klarmache, wie unglücklich du mit mir verheiratet warst, kann ich mich damit zufriedengeben, dir mehrmals in der Woche einen kleinen Brief zu schreiben, dir eine Aufmerksamkeit zukommen zu lassen. Ich weiß, daß du auf einen Neuanfang hoffst, wie ich auch, aber du warst mit einem Wüstling anspruchsvoller Besitzgier verheiratet, der dir wenig Raum zur eigenen Entfaltung zu lassen schien. Ich erlebe dich eingeschüchtert, entwertet, entmutigt, und beginne es zu respektieren. Manchmal hasse ich den Kerl, der dich so malträtiert hat, und glaube mich vorteilhaft abzuheben von ihm. Aber da bin ich nach meiner eigenen Ehe nicht mehr so sicher. Wütend denke

ich: wer gibt dir das Recht, mich so lange und gründlich zu prüfen, wie du es tust, bis ich verstehe, daß du es auch für mich tust? Ab und zu fürchte ich, du habest mehr gelernt aus deiner Erfahrung als ich. Werde ich denn immer noch nicht mit meiner Selbstüberschätzung fertig? Aber immer noch ist die Angst da, ob du mich wohl nach all dem, was war, noch haben willst, ob du mir einen Neuanfang zutraust. Was mache ich mit der manchmal peinigenden Gewißheit, daß niemals eine Frau es mit mir aushalten wird; daß ich sie wieder quälen, bevormunden, umkrempeln werde, sobald sie von mir abhängig ist? Ich fürchte, du suchst nach Entschädigung, Wiedergutmachung. Ich kann dich nicht entschädigen. Und dann ertappe ich mich selbst bei diesen kindlichen Wünschen: du als meine neue Frau könntest etwas wiedergutmachen von meinem vergangenen Unglück. Wir bleiben wohl besser noch eine Weile getrennt. Wir sind zu oft noch pflege- und schonungsbedürftig, sind reizbare Verwundete, immer bereit, das Pflegepersonal bei jeder falschen Bewegung anzuschreien. Es ist besser, du kannst meine Gefühle für dich annehmen ohne meine bedrängende Gegenwart. Zu sehr erinnert dich mein Äußeres an jenen

Wüstling. Du übrigens erinnerst mich auch noch allzusehr an jene Engelshexe, der ich nur mit knapper Not entronnen bin.

Lydia
Ich kann niemanden mehr ertragen, der meine Seele verwalten möchte oder mich gar nach seinem Bilde formen will, selbst wenn ich ihm diese absurde Aufgabe immer wieder aufdrängen möchte. Fühlst du dich gegen diese Verlokkungen gefeit? Vieles an deiner Vergangenheit spricht dafür, daß du dich mir gegenüber mit einem Künstler, einem Virtuosen, einem begnadeten Handlanger Gottes verwechselt hast. Pfui Teufel! Aber einen solchen hatte ich in meiner Verwirrung gesucht und war an einen brillanten Kurpfuscher geraten, dem ich unter äußersten Qualen das Handwerk gelegt habe. Wir wären fast umgekommen bei diesem mühsamen, aufs Lieben und Hassen bezogenen Berufswechsel. Es war manchmal schön, unter deinen Händen feuchter, klumpiger Lehm zu sein, halb ausgebrüteter Froschlaich, aus dem du dein Wunderfröschlein hättest machen wollen! Fast finde ich zu versprengten Resten von Humor zurück,

wenn ich auf unser inniges Schreckenslabor zurückschaue. Ehe als Bildhauerwerkstatt und psychologischer Brutkasten! Komm, stimm ein in mein Gelächter und meine Trauer. Gott sei Dank ist unser Sohn von unbeirrbarer Dickköpfigkeit. Er wird uns heraushelfen aus unserem ehrgeizigen Neuschöpfungsmythos. Ich fühle mich so frei und lebensgierig wie noch nie, auch streitlustig, doch ohne Vernichtungswillen. Ob du mir glauben kannst? Ein wenig wohldosierte Verschmelzung würde mir wohl noch gefallen können, meine Umrisse aber möchte ich respektiert wissen, hörst du, du Imperialist des Herzens. Ich werde keine Knebelungs- und Beherrschungsverträge mehr eingehen oder mich mit unbekannter Adresse verziehen, sollten wir in alte Fußangeln geraten. Im übrigen bist du ein netter Mann. Einen Teil deiner Selbstzweifel werde ich mildern können, einen weiteren Teil können wir sicher, da es mir ähnlich geht, in bekömmliche Fürsorglichkeit verwandeln. Ich rede, entschuldige bitte, wie eine weise gewordene, reife Frau und fühle mich doch gerade auf eine Art von Pubertät zugehen, wo man mit mädchenhaftem Ernst das aufgewühlte Dasein ordnen will. Böcklein, willst du mein Gärtner sein? Ich bin ganz verdreht vor zuversichtlichem Übermut. Wer holt mich auf die Erde zurück? Du? Nein! Dafür habe ich jetzt meine eigene Schnur. Münchhausen im Kopfstand: wenn ich abhebe und mit den Füßen an der Decke entlanggehe, werde ich mich an den Haaren herunterziehen. Aber wahrscheinlich geht es doch nur an deiner Hand.

Paul
Nicht alles, was ich an unbegreiflich Neuem an dir sehe, will ich gleich wieder in Worte fassen. Auch ich habe mir einen inneren Bereich zugelegt, in dem ich dich ohne wütenden oder einschmeichelnden Dauerkommentar gedeihen lassen kann. Natürlich überrumpele ich dich hin und wieder, rüttle an dir, als falle deine Entwicklung noch immer in meinen Kompetenzbereich. Im übrigen nehme ich an einem Kurs über Portraitzeichnen teil. Du kannst dir denken, daß dein Gesicht mir die größte Herausforderung bedeutet. Ich lenke meinen Formungseifer ab auf das Sehen und Malen und habe genug damit zu tun, hinter die Geheimnisse deines Gesichts, deiner Haltungen zu kommen. So kann ich dich

selbst dann in Ruhe lassen, wenn es mich drängt, mich intensiv mit dir zu beschäftigen.
Ab und zu treffen wir uns bei Freunden und stellen erstaunt fest, daß wir zwei eigenständige Personen zu werden beginnen.
Beiläufig halte ich Umschau nach einer größeren Wohnung, die uns irgendwann wieder gemeinsam beherbergen könnte. Habe ich mich nicht neulich gewundert, als du im Anzeigenteil den Wohnungsmarkt studiertest, als handle es sich um einen spannenden Kriminalroman? Es ist, als zeigten sich unter dem Frühjahrsschnee die Spitzen von Krokusblüten. Man scharrt den Schnee nicht weg, er wird schon von alleine tauen.

Tilmann Mosers Werke im Suhrkamp Verlag

Gespräche mit Eingeschlossenen

Gruppenprotokolle aus einer Jugendstrafanstalt.
Mit einem Kommentar von Eberhard Künzel. es 375
»Dies ist das aufregendste und zugleich bedrückendste pädagogische Buch, das ich in den letzten zehn Jahren gelesen habe.« Hermann Giesecke, *betrifft – erziehung*

Repressive Kriminalpsychiatrie

Vom Elend einer Wissenschaft. Eine Streitschrift. es 419
»Mosers böses Buch sollte Psychiater nachdenklich, Richter hellhörig machen und vor allem die Länder heftig stoßen, mit dem Bau psychotherapeutischer Anstalten zu beginnen ...
... scheint mir diese Schrift für die Rechtspolitik eine der wichtigsten der letzten Jahre ...«
 Hanno Kühnert, *Frankfurter Allgemeine Zeitung*

Verstehen, Urteilen, Verurteilen

Psychoanalytische Gruppendynamik mit Jurastudenten.
es 880
»Moser beschreibt den Gruppenprozeß in selbstreflexiver Offenheit, die ähnlich wie in seinen früheren Büchern die eigene Betroffenheit mit einbezieht. Sein Buch ist ein seltenes Beispiel dafür, wie Menschlichkeit und Wissenschaft verbunden werden können.«
 Alfrun von Vietinghoff-Scheel, *Psychosozial*

Jugendkriminalität und Gesellschaftsstruktur

»Mosers Buch dürfte das erste in deutscher Sprache sein, das die Ergebnisse der Soziologie, Psychologie und Psychoanalyse zum Thema so gut zusammenfassend und verbindend darstellt...« *Das Argument*

Lehrjahre auf der Couch
Bruchstücke meiner Psychoanalyse

»Fest steht, dieses Buch wird Furore machen, es wird ungeteilte Bewunderung und heftige Ablehnung erfahren.« Dieter Baier, *Welt am Sonntag*

Gottesvergiftung

»Nicht der ›Fall‹ und die Lehre allein machen dieses Buch überaus lesenswert. Es ist ein Vergnügen, Mosers Prosa zu lesen, die Figuren und Bilder an sich vorüberziehen zu sehen, in denen der Autor abseits von jeglichem Fachjargon komplizierte psychische Prozesse sichtbar macht. Bücher wie dieses Stück analytischer Autobiographie vermögen dem Laien wahrscheinlich unendlich besser und anschaulicher klarzumachen, was psychische Störungen sind und worin ihre Heilung bestehen kann, als ganze Bibliotheken populärwissenschaftlich aufbereiteter Psychologie.«

Lothar Baier, *Frankfurter Allgemeine Zeitung*

Grammatik der Gefühle
Mutmaßungen über die ersten Lebensjahre
»Ein Buch, wie die ersten beiden, eine schonungslos offene Konfession über die Verletzungen der eigenen Seele, ein jenseits aller Tabu- und Schamschranken dargebotener Einblick in die ›Selbst-Verborgenheit‹ eines Psychoanalytikers, dem die Analyse zur ›psychischen Lebensrettung‹ verhalf.« Paul Kersten, *Die Zeit*

Psychoanalyse und Justiz
Theodor Reik: Geständniszwang und Strafbedürfnis. Probleme der Psychoanalyse und der Kriminologie (1925). Franz Alexander und Hugo Staub: Der Verbrecher und seine Richter. Ein psychoanalytischer Einblick in die Welt der Paragraphen (1928). Herausgegeben und mit einer Einleitung versehen von Tilmann Moser. st 167
»Der Band vereinigt zwei Beiträge zu einer psychoanalytischen Theorie der Verbrechen, die in den zwanziger Jahren geschrieben wurden. Sie sind, auch ohne psychoanalytische Vorkenntnisse, leicht lesbar. In seiner Einleitung schlägt Tilmann Moser eine Brücke von der psychoanalytisch-strafrechtlichen Diskussion der zwanziger Jahre zum heutigen Strafrechtsverständnis.«
Juristische Schulung